'पूँजी' का अन्तिम अध्याय

‘पूँजी’ का अन्तिम अध्याय

सच्चिदानन्द सिन्हा

वाणी प्रकाशन

वाणी प्रकाशन

ज्ञान के विविध आयामों के प्रकाशक

वाणी प्रकाशन का 'लोगो' विख्यात चित्रकार मक़बूल फ़िदा हुसेन की कूची से

वाणी प्रकाशन, 4695, 21-ए, दरियागंज, नयी दिल्ली-110002
वाणी प्रकाशन, अशोक राजपथ (पटना कॉलेज के सामने), पटना (बिहार)

'POONJI' KA ANTIM ADHYAY

by Sachchidanand Sinha

Category : Economics/Politics/Globalisation/Marxism

ISBN : 978-81-8143-786-0

प्रथम संस्करण

मूल्य : 95/-

वाणी प्रकाशन

फोन : 0091#11#23273167, 23275710

फैक्स : 0091#11#23275710

वेबसाइट : www.vaniprakashan.in

ई-मेल : vaniprakashan@gmail.com

vani_prakashan@yahoo.com

जय भारत प्रिंटिंग प्रेस द्वारा दिल्ली-110032 में मुद्रित

विषय-सूची

प्राक्कथन

कार्ल मार्क्स की अति प्रशंसित और अल्प-पठित महान ग्रन्थ 'पूँजी' पर आज लिखना काफी लोगों को अटपटा लग सकता है। इसका पहला खंड ही मार्क्स के जीवन-काल में प्रकाशित हो पाया था। दूसरा और तीसरा खंड मार्क्स के अभिन्न मित्र फ्रेडरिक एंगेल्स ने मार्क्स द्वारा विशाल मात्रा में तैयार किए गए नोट, स्थापनाओं और टिप्पणियों को सहेज कर आज से सौ साल से पहले प्रकाशित कराया था। प्रस्तावित चतुर्थ खंड मार्क्स के लिए अछूता ही रह गया। वैसे तो अपने को कम्युनिस्ट मार्क्सवादी कहने वाले बौद्धिकों के लिए 'पूँजी' आदर और आतंक पैदा करने वाला अनिवार्य पाठ था—कुछ बाइबिल, गीता या क़ुरान शरीफ़ की तरह—पर यह प्रासंगिक भी है, यह भाव धीरे-धीरे तिरोहित हो चला।

कोई भी वैज्ञानिक स्थापना अनुभवों के आलोक में बार-बार परीक्षण और परिष्कार की माँग करती है। बाद के दिनों में जब रूस में एक सर्वसत्तावादी राज्य स्थापित हुआ और मार्क्सवाद को राजधर्म (स्टेट थियोलॉजी) का दर्जा दे दिया गया, तब ऐसे वैज्ञानिक विवेचन का रास्ता बन्द हो गया। लेकिन इसके पहले 'पूँजी' में व्यक्त मार्क्स के विचारों के निहितार्थ के आधार पर इसके विस्तार की विसंगतियों को उजागर करते हुए, प्रखर चिंतक और महान क्रांतिकारी नेता रोजा लक्जमबर्ग ने 1912 में अपनी पुस्तक 'एक्युमुलेशन ऑफ कैपिटल' लिखा, जिसमें पूँजीवाद के स्वायत्त विकास की संभावना पर प्रश्नचिह्न लगाया गया था। लेकिन कम्युनिस्ट अंतरराष्ट्रीय की स्थापना में विशिष्ट योगदान और जर्मनी में सर्वहारा क्रांति के प्रयास में अपनी आहुति देने के बावजूद उन्हें 'ऑफ़िशियल' कम्युनिस्ट आंदोलन ने 'हेरेटिक' (धर्मच्युत) घोषित कर दिया। इसका एक कारण यह भी था कि रोजा लक्जमबर्ग ने लेनिन के समय में ही रूस में बढ़ रही अधिनायकवादी प्रवृत्तियों की आलोचना की थी। इसलिए सोवियत यूनियन-नियंत्रित कम्युनिस्ट आंदोलन रोजा लक्जमबर्ग के विचारों को आगे बढ़ाये, यह अकल्पनीय बात थी। रोजा लक्जमबर्ग की आलोचना पूँजीवाद के विकास के लिए बाहरी क्षेत्र, यानी उपनिवेशों की अनिवार्यता को रेखांकित करती थी। मार्क्स के विचार के अनुसार आदमी की सोच को उसका आर्थिक हित बुनियादी तौर से प्रभावित करता है। शायद इसलिए भी पश्चिमी देशों के दिग्गज मार्क्सवादियों के लिए भी रोजा लक्जमबर्ग के विचार ग्राह्य नहीं थे। पूँजीवाद का स्वायत्त विकास संभव है, मोटा-मोटी इन सबों की मान्यता रही। मेनार्ड कीन्स के 'जेनरल थ्योरी' के

प्रकाशन के पहले, माँग का अभाव पूँजीवाद के संकट का एक बुनियादी कारण हो सकता है, यह कम ही अर्थशास्त्री, जिनमें अनेक मार्क्सवादी भी थे, मानने को तैयार थे। वैसे भी अकादमिक अर्थशास्त्रियों को अपने विषय की प्रचलित मान्यताओं और शब्दावलियों के घेरे में ही रहना पड़ता है। अकादेमिक मार्क्सवादी भी अपवाद नहीं होते। शायद इस दृष्टि से अकादेमिक शब्दावलियों (जारगन) से अनभिज्ञता कुछ स्थितियों को समझने में सहायक ही होती है।

समाजवादी नेता डॉ. राममनोहर लोहिया ने 1943 में अपनी असमाप्त पुस्तक 'इकोनॉमिक्स आफ़्टर मार्क्स' में कुछ रोजा लक्जमबर्ग से मिलता-जुलता यह विचार रखा था कि साम्राज्यवाद पूँजीवाद के विकास के साथ अनिवार्य रूप से एक कारक के रूप में जुड़ा है, और यह पूँजीवाद का अंतिम चरण नहीं है, जैसा लेनिन का सोचना था। लेकिन लोहिया ने 'पूँजी' के अध्ययन के परिप्रेक्ष्य में अपने विचार नहीं रखे थे। उनके सामने ज़्यादा ठोस साक्ष्य थे, जो भारत जैसे गुलाम मुल्कों के अनुभव से निकले थे। दादा भाई नौरोज़ी जैसे राष्ट्रभक्तों ने यह स्पष्ट रूप से दिखलाया था कि कैसे भारत की संपदा के दोहन से ब्रिटेन मालामाल हुआ था।

इस संदर्भ में जो सबसे महत्त्वपूर्ण बात है, वह यह है कि मार्क्स के मूल्य के 'श्रम-सिद्धांत' के आधार पर पूँजीवाद के विकास को उपनिवेशों की अनिवार्यता से जोड़ा जा सकता है। आज के भूमंडलीकृत पूँजीवाद में नये साक्ष्य उभर रहे हैं, जो मूल्य के श्रम-सिद्धांत को फिर से अर्थशास्त्र के केंद्र में स्थापित करने की माँग करते हैं। जो बातें वस्तुओं के विशाल मात्रा में होने वाले विनिमय में खो जाती थीं और हमें यह देखने में असमर्थ बनाती थीं कि श्रम-विनिमय मूल्य का निर्धारण कैसे करता है, अब ऊर्जा-संकट के संदर्भ में, और विशाल मशीनीकृत उत्पादन के समानांतर छोटे हस्त उद्योगों की उपस्थिति और जीवंतता से फिर दिखाई देने लगी हैं। इसी आधार पर हम मानव-संबंधों के बुनियादी ताने-बाने को समझ सकते हैं। 'मार्जिनलिस्ट सिद्धांत' तो, जो आज के अर्थशास्त्र का आधार बना हुआ है, दरअसल महज़ बाज़ार-शास्त्र है। इस आधार पर अध्ययन से हम सिर्फ बाजार में नफ़ा-नुक़सान की संभावनाएँ देख सकते हैं, जबकि अर्थशास्त्र का उद्देश्य होना चाहिए मानव संबंधों के तमाम आयामों को समझने में मदद देना।

मार्क्स ने पूँजीवाद के वैश्विक विकास की जो कल्पना की थी, उससे आज की दुनिया बिल्कुल अलग रूप से विकसित हुई है। लेकिन मनुष्य और मानव श्रम, जिसकी केंद्रीयता को उन्होंने उजागर किया था, को अमान्य कर आज मनुष्य का

अस्तित्व भी कायम नहीं रह सकता। उद्योग-निर्मित वस्तुएँ और उनका ज़ख़ीरा, जिसे धन-संपत्ति या पूँजी के रूप में चिह्नित किया जाता है, मनुष्य को नज़रअंदाज़ करने पर कबाड़ के ढेर से ज़्यादा कुछ नहीं है, क्योंकि उनकी गुणवत्ता, उपयोग और मोल मनुष्य के आकलन से ही अस्तित्व में आता है। अगर मार्क्स आज पूँजी का अंतिम खंड या अध्याय लिखते तो उसकी दिशा क्या होती, उसका कुछ आभास पुस्तक के अंतिम अध्याय में प्रस्तुत तथ्यों से मिल सकता है। इससे समाज के नव-निर्माण संबंधी उनकी निष्पत्ति भी उनकी प्रारंभिक कल्पना से अलग होती।

पुस्तक में अनेक जगह अँग्रेज़ी में प्रकाशित विचारों के उद्धरण दिए गए हैं, जिनका अनुवाद लेखक का अपना है। सिर्फ मूल ग्रंथ पूँजी के उद्धरण सोवियत यूनियन में प्रकाशित अनुवाद से लिये गए हैं, हालाँकि ये काफ़ी जगह आसानी से बोधगम्य नहीं हैं। शायद यह समस्या हिन्दी में लिखने वाले अधिकांश लेखकों के सामने उपस्थित होती है।

सच्चिदानन्द सिन्हा

प्रथम अध्याय

'पूँजी' की वैचारिक पृष्ठभूमि

संसार में जनसमुदायों को प्रेरित कर उनकी जीवन-धारा को मोड़ने में कुछ समान सूत्र सदा काम करते रहे हैं, जिनकी ध्वनि कुछ इस तरह होती है—लोगों के जीवन में दुःख है, इसके कारण हैं, इनका निवारण संभव है और इसके निवारण के सहज मार्ग का आश्वासन किसी 'धर्म' या 'विचारधारा' में बतलाया जाता है। धर्म या विचारधारा में त्राणदाता के रूप में किसी ईश्वर का होना जरूरी नहीं—यथा बौद्ध-धर्म में जहाँ ईश्वर के अस्तित्व को नकारा गया है। हालाँकि कई दूसरे धर्मों में ईश्वर को ही उद्धार का आधार माना गया है। लेकिन जन-जीवन के सभी युगान्तरकारी परिवर्तनों में ऐसे व्यक्तियों की विशेष भूमिका रही है, जो मसीहाई अंदाज़ में मुक्तिकामी जन-समुदाय में किसी विशेष मार्ग के प्रति अटल आस्था और उत्साह पैदा कर सकें। 'कम्युनिस्ट घोषणा-पत्र' के जरिये कार्ल मार्क्स दुनिया के शोषित, पीड़ित लोगों को कुछ ऐसे ही मसीहाई अंदाज़ में डेढ़ शताब्दी से अधिक से प्रेरित करते रहे हैं। उपरोक्त सूत्रों की प्रस्तुति शुभ-अशुभ, अच्छाई-बुराई, ईश्वर-शैतान और अगर ठोस दुनियावी हक़ीक़त को दर्शाने का मामला हो तो पीड़क-पीड़ित या शोषक-शोषित के सहज और द्वंद्वात्मक वर्गीकरण और संघर्ष के रूप में की जाती है। इस तरह बुराई के विरुद्ध प्रतिकार की ऊर्जा जटिलताओं में उलझ बिखरने से बचती है। संभवतः बाइबिल के बाद कम्युनिस्ट घोषणा-पत्र दुनिया का सर्वाधिक पढ़ा गया ग्रंथ अथवा लघुग्रंथ है। इसकी भाषा इतनी सशक्त है और प्रत्यक्ष दिखने वाले तथ्यों, इतिहास के सरलीकृत विवरणों और लोगों की आकांक्षाओं की मिलावट से एक ऐसा विस्फोटक बौद्धिक वातावरण तैयार करता है, जिसके प्रभाव से पाठकों के लिए बच पाना मुश्किल होता है।

यह घोषणा-पत्र 1848 में जारी किया गया था, जब प्रथम औद्योगिक क्रांति से ब्रिटेन, जर्मनी, नीदरलैंड, फ्रांस और पश्चिमी यूरोप के दूसरे देशों का आर्थिक परिदृश्य तेजी से बदल रहा था। पश्चिमी यूरोप से सामंती अर्थव्यवस्था नष्ट हो

रही थी और नगरों में औद्योगिक गिल्डों के मजदूरों की कार्य क्षमता की जगह कोयले से चलने वाले नये उद्योग औद्योगिक उत्पादन के क्षेत्र में अपना प्रभुत्व स्थापित कर चुके थे। इस क्रम में बाज़ार और कच्चे माल के लिए संसार के दूर-दराज देशों से व्यापारिक संबंध कायम हो चुका था। रेलवे के विस्तार से एशिया, अफ्रीका आदि के भीतरी क्षेत्र भी इस व्यापार के लिए खोले जा रहे थे और छिटपुट ढंग से नये उद्योगों की स्थापना भी इन महादेशों में हो रही थी। लेकिन मुख्य रूप से इन देशों में उद्योगों के लिए कृषि-उत्पाद और खनिजों के क्षेत्र ही फैलाये जा रहे थे। फिर भी एक विहंगम दृष्टि डालने से ऐसा लगता था कि यूरोप की नयी औद्योगिक क्रांति से पैदा व्यवस्था ही अब एशिया या दूसरे महादेशों का भविष्य है।

यूरोप के नये तरह के कारख़ानों में बड़ी संख्या में मज़दूर मशीनों पर एक साथ लगाये जाते थे। उनके काम में विशेष कौशल की ज़रूरत नहीं होती थी। बल्कि ये ज़्यादातर एक ही प्रक्रिया को बार-बार दोहराने की होती थी। इस तरह के कौशल-रहित सरल काम के लिए पुरुष मजदूरों की जगह औरतें और बच्चे भी लगाये जाते थे। चूँकि उत्पादन की मात्रा का सीधा संबंध उद्योगों में काम करने वाले श्रमिकों की संख्या पर निर्भर करता था। ज़्यादा-से-ज़्यादा लोगों से ज़्यादा-से-ज़्यादा समय तक काम कराना उत्पादन फैलाने का सहज उपाय था। खर्च में कटौती के लिए श्रमिकों की मज़दूरी कम-से-कम रखने की कोशिश होती थी और उनके काम के स्थान और आवासीय स्थिति को स्वास्थ्य की दृष्टि से मानवीय बनाये रखना ज़रूरी नहीं समझा जाता था। काम की स्थिति इतनी अमानवीय थी कि कभी-कभी मज़दूर विद्रोह कर मशीनों को ही तोड़ने में लग जाते थे–यथा (ब्रिटेन में लुडाइट विद्रोह)। इस तरह पूँजीपति वर्ग की बढ़ती संपन्नता और मज़दूर वर्ग की अमानवीय स्थिति और विपन्नता का विरोधाभास सभी तरफ़ साफ़ दिखाई देता था। मज़दूरों की यह मजबूरी थी कि उनके लिए पहले की कोई वैकल्पिक व्यवस्था अब उपलब्ध नहीं थी, जिसकी ओर वे लौट सकें। उनके पास इसी व्यवस्था के भीतर अपनी एकमात्र संपत्ति अपने श्रम को बेचने की मजबूरी थी। इसी स्थिति में डाले गये मजदूरों को मार्क्स ने 'सर्वहारा' (प्रोलेतारियत) का नाम दिया।

अपने प्रारंभिक दौर से ही पूँजीवादी व्यवस्था अनेक संकट भी झेल रही थी, जिसे बाद में 'ट्रेड साइकिल' का नाम दिया गया। पूँजीवादी उत्पादन को अंधाधुंध बढ़ते बाज़ार और मुनाफ़े की आशा में फैलाया जाता था। लेकिन हक़ीक़त में

बार-बार बाज़ार में संकट पैदा होता था, जिसमें अचानक उत्पादित वस्तुओं का खरीदार नहीं मिलता था और इस तरह उत्पाद नष्ट हो जाते थे और कारखाने बंद हो जाते थे। मज़दूर और वस्तुओं के व्यापार से जुड़े लोग भारी संख्या में बेरोजगार हो जाते थे। यह एक ऐसा संकट था, जो अर्थशास्त्रियों की समझ के परे था और बार-बार नैसर्गिक आपदा की तरह पूँजीवादी दुनिया को आक्रांत करता रहता था।

मार्क्स ने कम्युनिस्ट मैनिफेस्टो लिखने के ठीक पहले के 1844-47 के अपने अध्ययन में, जिसे 'जर्मन आइडियोलॉजी' का नाम दिया था, इतिहास की भौतिकवादी व्याख्या की थी। हालाँकि उस समय तक यह विचार बिखरा हुआ था। इसी को संक्षिप्त में एक व्यवस्थित रूप में लगभग एक दशक बाद क्रिटिक ऑफ पोलिटिकल इकोनॉमी की भूमिका में प्रस्तुत किया गया था। अब मार्क्स ने पूरे इतिहास को ध्रुवीकरण की प्रक्रिया के रूप में पेश किया। इसके मुताबिक मनुष्य अपने जीवन की आवश्यकताओं की पूर्ति के लिए उत्पादन के साधनों के अनुरूप कुछ उत्पादन संबंध यानी उत्पादन के साधनों के स्वामी और इन पर काम करने वाले लोगों का संबंध कायम होता है। इस सिद्धांत के अनुसार यही संबंध वह आधार है, जिस पर समाज के मानवीय संबंधों का ढाँचा और इससे जुड़े नियम-कानून, विचारधारा, धर्म आदि बनते हैं। आगे इस विकास-क्रम में उत्पादन के साधनों और इससे पैदा उत्पादन संबंधों में संघर्ष पैदा होता है जिससे क्रांतिकारी उथल-पुथल पैदा होती है और इन क्रांतियों से पुराने उत्पादन-संबंध बदल जाते हैं और नये संबंध की शुरुआत होती है। मार्क्स की दृष्टि में पूँजीवादी व्यवस्था के चक्रीय संकट दरअसल दस्तक थे, उस बड़ी क्रांति के, जो इस पूरी व्यवस्था को नष्ट कर देने वाली थी।

घोषणा-पत्र में मार्क्स ने यह विचार भी व्यक्त किया कि पूँजीवादी व्यवस्था इसके नष्ट होने पर नयी व्यवस्था की बागडोर सँभालने के लिए स्वयं एक नया वर्ग पैदा कर रही है—सर्वहारा वर्ग, जिसका ज़िक्र ऊपर किया गया है। मार्क्स ने इस वर्ग की उत्पत्ति और क्रांति को एक अटल नियति के रूप में प्रस्तुत किया।

मार्क्स पर उसके पूर्ववर्ती दार्शनिक हीगेल का गहरा प्रभाव था, जिसके दर्शन में एक ऐतिहासिक नियतिवाद था, लेकिन यह नियतिवाद भौतिक की जगह प्रत्ययवादी (आइडियालिस्ट) विकास की अवधारणा पर आधारित था और इसके अनुसार दुनिया का इतिहास विश्वात्मा (युनिवर्सल स्पिरिट) के अपने को उद्घाटित करने की प्रक्रिया का परिणाम था। मार्क्स ने इसके विपरीत अपनी नियतिवाद के आधार में भौतिक यानी उत्पादन के साधनों और उत्पादन संबंधों के विकास को

रखा और वे इसी में इतिहास की घटनाओं की अनिवार्यता देखते थे। यह इतिहास-दृष्टि मार्क्स के विचार में सर्वाधिक महत्त्व की थी। आगे चलकर मार्क्सवादियों में ऐतिहासिक भौतिकवाद एक तरह की तकनीकी नियतिंवाद में बदल गया और उसने दूसरे लोगों की सोच को भी प्रभावित किया।* इसके कारण उन्होंने फायरबाख की गैर-ऐतिहासिक दृष्टि की भी काफी आलोचना की थी। हालाँकि वे हीगेल के प्रत्ययवादी (आइडियालिस्ट) दृष्टि को छोड़ने में फायरबाख से अत्यधिक प्रभावित थे। मार्क्स ने पूँजीपति वर्ग (बुर्जुआ) और सर्वहारा दोनों ही के विकास को एक क्रमबद्ध और अनिवार्य विकास के रूप में प्रस्तुत किया। बुर्जुआ वर्ग सामंती व्यवस्था से शहरों में पलायन कर आये सर्फों (भूदासों) के विकास से पैदा हुआ था। पहले बुर्जुआ उत्पादक गिल्डों में जर्नीमेन (उत्पादक-श्रमिक) के रूप में आये, फिर गिल्ड मास्टर बने और ये ही कालांतर में उत्पादन पद्धतियों के विकास के क्रम में बुर्जुआ या पूँजीपति बन गये। मार्क्स के अनुसार यह एक अनिवार्य विकास-पद्धति थी। इसी तरह पूँजीवादी विकास-प्रक्रिया के साथ पूँजीवादी उत्पादन में श्रमिक के रूप में आधुनिक सर्वहारा वर्ग का उदय हुआ। यह वह वर्ग था, जो समाज के विभिन्न तबकों से पूँजीवादी उद्योगों में काम करने आया था और इसके पास अपना श्रम बेचने के अलावा जीवन का कोई भी दूसरा आधार नहीं था। मार्क्स के अनुसार मशीनीकरण एवं पूँजीवादी शोषण-प्रक्रिया से इसकी स्थिति दिनोंदिन बद-से-बदतर होती जाती है। जिससे अंततोगत्वा यह अपनी हित-रक्षा के लिए संगठित होता है—यूनियन बनाता है और इतिहास के एक दौर में पूँजीपति वर्ग से राजनीतिक सत्ता हाथ में लेकर समाजवादी समाज के निर्माण का आधार कायम करता है। उसके अनुसार बाकी वर्ग—निम्न मध्यम वर्ग, किसान, छोटे व्यापारी आदि—इस पूँजीवादी प्रक्रिया में धीरे-धीरे विपन्न हो सर्वहारा वर्ग में शामिल हो जाते हैं और दुनिया में सिर्फ दो ही वर्ग आमने-सामने रह जाते हैं। एक तरफ थोड़े से बड़े पूँजीपति—क्योंकि प्रतिस्पर्धा में ज्यादातर छोटे पूँजीपति भी नष्ट हो सामज के हाशिये पर सर्वहारा की श्रेणी में डाल दिये जाते हैं—और दूसरी ओर विशाल संख्या में सर्वहारा। इस तरह इतिहास की प्रक्रिया संसार को सरल रूप से विभाजित दो खेमों शोर्षक और शोषित, पूँजीपति और सर्वहारा में डाल देती है और इससे इतिहास का सबसे निर्णायक और अंतिम संघर्ष होता है, जिससे शोषण का अंत होता है और समतामूलक समाज की स्थापना होती है।

* विशेष जानकारी के लिए देखिए परिशिष्ट।

इसमें दिलचस्प बात यह है कि घोषणा-पत्र अपने दायरे में सिर्फ यूरोप के समाज को नहीं लेता, बल्कि इसमें सारे संसार के मजदूरों को एक हो इस धर्मयुद्ध में शरीक होने का आह्वान करता है, जबकि 1848 में यूरोप में भी पूँजीवाद पूरी तरह स्थापित नहीं हो पाया था—लगभग पूरा पूर्वी यूरोप, रूस समेत, पूँजीवादी विकास से वंचित था, रूस में सर्फों को आज़ादी 1862 में जारशाही के फ़रमान से मिली और स्वयं अमेरिका में जहाँ पूँजीवाद का विकास तेजी से हो रहा था गुलामी-प्रथा का अंत कानूनी ढंग से 1861 के गृहयुद्ध के बाद ही हुआ।

मार्क्स का ऐसा सोचना था कि पूँजीवादी व्यवस्था संसार-भर में राष्ट्रीय उत्पादों की जगह वैश्विक उत्पाद को एवं स्थानीय कच्चे मालों की जगह संसार-भर से आये विविध कच्चे मालों के उपभोग को प्रोत्साहित करेगा। इसी तरह उपभोग का चरित्र भी वैश्विक बनता जाएगा। स्थानीय आत्मनिर्भरता की जगह दुनिया के सभी देशों की एक-दूसरे पर निर्भरता बढ़ती जाएगी। इसी तरह बौद्धिक संपदा वैश्विक होती जाएगी और स्थानीय संकीर्णता से मुक्त करेगी। एक वैश्विक साहित्य पैदा होगा। पूँजीवादी उद्योग अपने सस्ते मालों के बल पर पिछड़े समूहों के लोगों की विदेशियों से नफरत की दीवार को तोड़ देगा। साथ ही उन्होंने यह भी कहा कि गाँवों की निर्भरता शहरों पर बढ़ेगी, बड़ी आबादी वाले महानगर बनेंगे और इस तरह गाँवों का गँवारपन (रूरल इडियौसी) खत्म होगी। इसमें कुछ तो अति विकृत रूप में भविष्यवाणी सिद्ध हुए—जैसे राष्ट्रों की आर्थिक आत्मनिर्भरता का नाश, नगरों पर गाँवों की निर्भरता आदि। लेकिन इसमें काफ़ी कुछ जहाँ एक तरफ दूर भविष्य की झलक देने वाला था, वहीं वह इस बात को भी अनदेखा करता, था कि नयी औद्योगिक क्रांति के पहले भी उच्च सभ्यताएँ अस्तित्व में थीं, हालाँकि मशीनी तकनीक का विकास नहीं हो पाया था। एक उदाहरण तो मैक्सिको की प्राचीन सभ्यता का ही था जिसकी संपदा की लूट ने गैर-यूरोपीय देशों की उस लूट-खसोट का सूत्रपात किया, जिसका यूरोपीय औद्योगिक क्रांति का आधार तैयार करने में खासा हाथ था, एक पुरातत्त्ववेत्ता डैविड ड्रयू ने अपनी पुस्तक 'द लॉस्ट क्रौनिकल्स ऑफ द किंग्स' में मैक्सिको के नगर टेनोच टिटलान का सोलहवीं सदी के प्रारंभ का यह विवरण दिया है : "यह एक द्वीप पर स्थापित 200,000 लोगों का ऐसा नगर था, जहाँ सिर्फ टेक्साको झील के ऊपर बनी ऊँची सड़कों से पहुँचा जा सकता था। अपने समय में यह सचमुच संसार की एक अचरज की चीज़ थी। पुरानी दुनिया में सिर्फ कुस्तुनतुनिया या वेनिस की थोड़ी तुलना इससे हो सकती थी। उस समय लंदन की आबादी लगभग 50,000 थी और सेविल की महज 30,000।

"इसके कपड़ों, चमड़े की वस्तुओं, रंगीन पत्थरों (टीइकाज), कसीदाकारी किए हुए मुखौटों और सुवर्ण के आभूषणों को ब्रुसेल्स के नुमाइश में देखकर विख्यात कलाकार आलेब्रेख़्त/ड्यूरेर ने भूरि-भूरि प्रशंसा की थी और कहा था कि मेरी पूरी जिंदगी में मैंने कुछ भी ऐसा नहीं देखा था, जिससे मुझे इतना आनंद हुआ हो, क्योंकि मैंने उनमें अद्‌भुत कलाकृतियों के नमूने देखे और अनजान मुल्कों के लोगों की सर्जनात्मकता देख अचंभित हो गया।"[1]

भारत एवं चीन की सभ्यताएँ भी यूरोप की औद्योगिक क्रांति से निकली नयी सभ्यता की तुलना में बर्बर नहीं थीं और नयी यूरोपीय सभ्यता ने इनसे काफ़ी कुछ उधार लिया था।

लेकिन मसीहाई आह्वान की शक्ति ऐसी ही सरलीकृत तस्वीर से आती है। विस्तार से विश्लेषणों में पड़ने और विपरीत दिखने वाले तथ्यों के साक्षात्कार से संशय पैदा होता है और इससे समाज के नवनिर्माण में सब कुछ न्यौछावर करने का संकल्प डगमगाने लगता है। इसलिए लगभग एक सदी तक प्रत्यक्ष अनुभवों के विपरीत मार्क्स से प्रेरित क्रांतिकारियों को संसार की सरलीकृत तस्वीर—जिसमें सारा संसार दो विपरीत खेमों में विभाजित है और क्रांति के उपयुक्त स्थिति मौजूद है—ठीक वैसी ही दिखती रही जैसी घोषणा-पत्र में वर्णित है। यूरोप में ही नहीं, सुदूर एशिया और अफ़्रीका में भी मजदूरों के अंतरराष्ट्रीय गाने की ये पंक्तियाँ दुहरायी जाती रहीं—"देश-देश के मजदूरों ने झंडा लाल उठाया है, जो भूखा था, जो नंगा था, अब, गुस्सा उसको आया है।"[2]

मनुष्य के मनोविज्ञान में सरलीकरण की प्रक्रिया बड़ी जबर्दस्त होती है और साफ-सुथरी व्यवस्थित तस्वीर को वक्र करने वाले बिंदुओं को नजरअंदाज़ करने का ज़बर्दस्त रुझान होता है। इस तरह कम्युनिस्ट घोषणा-पत्र की मूल मान्यताओं के अनुसार इतिहास में विकास की प्रक्रिया अनिवार्य रूप से द्वंद्वात्मक है, जिसमें वर्गों के संघर्ष की भूमिका केंद्रीय है। इसमें कई पड़ाव हैं—जैसे गुलामों का संघर्ष, गुलामों के स्वामियों से सामंती व्यवस्था में भूदासों (सर्फों) का संघर्ष सामंतों (फ्युडल लार्डों) से। लेकिन गुलामी व्यवस्था, यथा रोम की व्यवस्था में कई अन्य तरह के विभाजन भी थे, जैसे प्लेबियनो और पैट्रिशियनो के और सामंती व्यवस्था में तो सामंतों के ही कई स्तर थे और तत्कालीन शहरों के औद्योगिक उत्पादन की गिल्ड व्यवस्था में गिल्ड मास्टर और जर्नीमेन आदि।

1. David Drew, *Lost Chronicles of Maya Kings*, University of California Press, Berkeley, Los Angeles, 1999, p. 22.
पृष्ठ 25 लेखक द्वारा अनुवाद।

इनके विपरीत मार्क्स के अनुसार, पूँजीवादी व्यवस्था में विभाजन बिल्कुल सीधा हो जाता है—पूँजीपतियों और सर्वहारा के बीच। साथ ही मार्क्स के अनुसार जैसा ऊपर कहा गया है, बाकी जितने भी दूसरे वर्ग हैं, समाप्त होते जाते हैं और सब-के-सब सर्वहारा में शामिल हो जाते हैं। मशीनीकरण से सर्वहारा का काम सभी तरह के कौशल से पूरी तरह शून्य हो जाता है और इसकी कीमत लगातार गिरती जाती है, क्योंकि इसके श्रम का खर्च उतना ही होता है, जितना कौशलहीन सर्वहारा को जिंदा रखने भर के लिए ज़रूरी होता है। हालाँकि यह कहा नहीं गया था, फिर भी जो पूँजीवाद के वैश्विक विकास की तस्वीर दी गयी थी, उससे यह ज्ञात होता है कि सारे संसार में लगभग इसी ढाँचे पर पूँजीवाद का विकास होना था और सभी जगह सर्वहारा-क्रांति की एक ही राह थी। मार्क्स के समय यूरोपीय मानस में संसार का अर्थ यूरोप ही था, बाकी दुनिया एक परिशिष्ट (Appendix) की तरह थी और मार्क्स ने घोषणा-पत्र में सिर्फ़ जर्मनी की स्थिति को ही प्रथम सर्वहारा क्रान्ति के उपयुक्त माना था। इस विश्लेषण में यह भी निहित है कि पूँजीपति वर्ग स्वयं ही वह औद्योगिक और आर्थिक आधार तैयार कर रहा है, जिससे पूँजीवादी अर्थव्यवस्था का अंतर्विरोध है, जो इसके संकटों से ज्ञात होता है और मज़दूरों को इस आर्थिक आधार पर कब्ज़ा-भर करना है। मार्क्स ने घोषणा-पत्र में सिर्फ यही नहीं कहा था कि बाकी वर्गों के अंत से केवल पूँजीपति और सर्वहारा वर्ग अस्तित्व में रह जाएँगे, बल्कि यह भी कहा था कि पूँजीवादी विकास-क्रम में राष्ट्रीयता, मूल आदि के विभाजन और इनसे जुड़ी भावनाओं का भी अंत हो जाएगा और सर्वहारा में सिर्फ वर्ग-चेतना बच जाएगी।

कम्युनिस्ट घोषणा-पत्र की बातों का कुछ तफ़शील से ज़िक्र इसलिए किया गया, क्योंकि मार्क्स की रचनाओं में यही है, जिसे उनके विचारों का सबसे अधिक प्रतिनिधि माना गया, या कम-से-कम अपनी मसीहाई अपील के कारण कम्युनिस्ट कार्यकर्त्ता के मन पर इसी की मर्मस्पर्शी छाप अंकित रहती है। इसीलिए अनेक विपरीत अनुभवों के बाद भी दुनिया-भर में पूँजीवाद के प्रसार और इसके बाद सर्वहारा क्रांति की अनिवार्यता मार्क्सवाद से प्रभावित लोगों के मन से गयी नहीं है। सोवियत यूनियन के पतन और चीन द्वारा पूँजीवादी अर्थव्यवस्था को 'समाजवादी बाज़ार व्यवस्था' के नाम से अपना लिए जाने के बाद भी बड़ी संख्या में कम्युनिस्ट यह मानते हैं कि यह भी मार्क्स द्वारा एक बार सारे संसार में पूँजीवाद के प्रसार की अनिवार्यता को ही बतलाता है और एक बार संसार-भर में जब पूँजीवाद फैल जाएगा तो फिर समाजवादी क्रांति का मार्ग आसान हो जाएगा। कुछ लोग शायद

यह भी मान लेते हैं कि रूस और चीन की 'समाजवादी' व्यवस्था की विकृतियाँ और उनके पतन का कारण क्रांति की स्थितियों का वैसा परिपक्व न होना था, जो क्रांति के लिए ज़रूरी था, क्योंकि रूस और चीन क्रांति के समय क्लासिकी ढंग के पूँजीवाद देश होने की बजाय अभी अर्ध-सामंती पूँजीवाद की दहलीज़ पर खड़े थे। स्वयं भारत में कुछ राज्यों, यथा प. बंगाल, त्रिपुरा और केरल में सत्ता में रहकर और वैश्विक पूँजीवादी व्यवस्था के अनुरूप नीतियाँ चलाते हुए भी भारतीय कम्युनिस्ट ऐसा नहीं मानते कि वे अपनी क्रांति-निष्ठा से विचलित हुए हैं। साम्यवाद की अंतिम विजय का विश्वास अभी भी ईसाइयों के कयामत के दिन के विश्वास की तरह उनके मन में बैठा हुआ है। तब तक संसार के पूँजीवाद द्वारा बिछाये गये बिसात पर ही सभी को गोटियाँ बैठाते रहना है।

दुनिया के लाखों लोगों के लिए, कम्युनिस्ट घोषणा-पत्र मार्क्स की विचारधारा का आधार है और संसार की जो सरलीकृत छवि इसमें प्रस्तुत की गयी है, उसे ही मार्क्स का प्रतिनिधि विचार माना गया है। कुछ तथ्यपरक, कुछ दार्शनिक और काफ़ी कुछ क्रांतिकारी उत्साह में आह्वान के रूप में प्रस्तुत किया गया घोषणा-पत्र क्रांतिकारियों के मनोनुकूल ज़रूर रहा। लेकिन इसके बाहर मार्क्स का सबसे महत्त्वपूर्ण वैज्ञानिक अध्ययन इसके दो दशक के बाद का है, जिसे 'पूँजी' नामक उसकी पुस्तक में प्रस्तुत किया गया।

'पूँजी' दरअसल 1857-58 में लिखे एक लंबे लेख 'ग्रुंडरिस्से' में प्रस्तावित बृहत् अध्ययन का हिस्सा था। 'ग्रुंडरिस्से' में मार्क्स के अर्थशास्त्र के अध्ययन को छह भागों में बाँटने की योजना थी, जिसका पहला हिस्सा 'पूँजी' था, जिसे चार खंडों में प्रस्तुत किया गया था। इसमें सिर्फ पहला खंड मार्क्स के जीवन में 1867 में प्रकाशित हुआ था। दूसरे और तीसरे खण्ड 1883 के बाद जब मार्क्स की मृत्यु हो गयी, फ्रेडरिक एंगेल्स द्वारा उनकी पांडुलिपि के अनेकों नोट के आधार पर तैयार किया गया था जिन्हें मार्क्स छोड़ गये थे। 'पूँजी' इस अर्थ में बहुत महत्त्वपूर्ण है कि यह पूरी तरह तथ्यपरक है और ब्रिटेन में उपलब्ध तथ्यगत रिपोर्टों पर आधारित है। इसमें उस समय की चर्चा में रहने वाले अनेक अर्थशास्त्रियों के विचारों की भी विस्तृत समालोचना है। संभवतः दुनिया की नयी व्यवस्था को, जिसे बुर्जुआ या फ्री मार्केट इकोनॉमी कहा जाता था, टाइपोलॉजी में डाल 'पूँजीवाद' के रूप में चिह्नित करने में इस पुस्तक का महत्त्वपूर्ण हाथ है। यह जानना दिलचस्प होगा और शायद दुनिया के भविष्य के लिए महत्त्वपूर्ण भी कि क्या दुनिया का विकास घोषणा-पत्र में उल्लिखित दिशा में ही हुआ है। पूँजी के

अध्ययन से भी विकास की कुछ वैसी ही क्रमबद्ध और अनिवार्य परिणति दिखाई देती है क्या? पूँजीवाद सचमुच वैसी औद्योगिक अर्थव्यवस्था का आधार तैयार कर रहा है, जिसे अपने हाथ में ले 'सर्वहारा' साम्यवाद की ओर प्रस्थान के लिए पहल कर सके? क्या संसार का विभाजन वैसा ही सरलीकृत है, जिसमें दो ही वर्ग हैं—भारी संख्या में सभी मानवीय आधार से वंचित औद्योगिक मज़दूर (सर्वहारा) और मुट्ठी-भर पूँजीपति?

मार्क्स के जीवन के अंतिम वर्ष 1883 तक पूँजीवाद के विकास के कुछ लक्षण तो गैर-यूरोपीय देशों में दिखाई दिये। जहाँ-तहाँ इसके पड़ाव भी अस्तित्व में आये। लेकिन अपनी पूर्णता में अर्थव्यवस्था और पूरे सामाजिक जीवन को समेट लेने वाला पूँजीवाद का सर्वग्रासी विस्तार कहीं दिखाई नहीं दिया। इसके दो अपवाद थे एक संयुक्त राज्य अमेरिका, जहाँ विशाल प्राकृतिक प्रचुरता के बीच ब्रिटेन द्वारा यूरोपीय जीवन-पद्धति को आरोपित किया गया था और यूरोपीय अतिक्रमण के प्रतिरोध से जापान, जहाँ इसके लिए विशेष स्थितियाँ थीं। हाँ, यह ज़रूर हुआ कि इन देशों के संपर्क और व्यापार से यूरोप की अर्थव्यवस्थाओं में भारी संपन्नता आयी। स्वयं फ्रेडरिक एंगेल्स (जिनके विचार मार्क्स से अभिन्न रूप से जुड़े थे और जैसा ऊपर कहा गया है, जिन्हें पूँजी के दूसरे और तीसरे खंड, जो मार्क्स के जीवनकाल में अप्रकाशित थे, को संपादित कर प्रकाशित करने का श्रेय प्राप्त था), ब्रिटेन में सर्वहारा क्रांति की संभावना के प्रति संशयग्रस्त होने लगे थे और उन्होंने इस बात पर खेद व्यक्त किया था कि ब्रिटेन का मज़दूर वर्ग दूसरे देशों से लायी गयी संपन्नता से खुशहाल हो रहा है और इसके नेतृत्व का स्वरूप क्रांतिकारी और समाजवादी होने की बजाय बुर्जुआ उदारवादी का बन रहा है। एंगेल्स या दूसरे यूरोपीय समाजवादियों का ध्यान यह देखने की ओर कम ही गया कि गैर-यूरोपीय देशों में इस विकास का क्या असर हो रहा था, हालाँकि 'पूँजी' में प्रारंभिक दिन में इस संपर्क के प्रभावों का कुछ वर्णन ज़रूर मिलता है। लेकिन जो तथ्य फ्रेडरिक एंगेल्स के लिए हैरत में डालने वाले भटकाव थे, यूरोप के कुछ दूसरे मार्क्सवादियों के लिए विचार में आवश्यक परिवर्तन की माँग करते दिखाई देते थे। इन्हीं स्थितियों में स्वयं जर्मनी के मार्क्सवादी एडुआर्ड बर्न्सटाइन ने स्टुट्गार्ट सम्मेलन में मार्क्स के विचारों में कुछ संशोधन करने का सुझाव दिया। उन्होंने यह प्रस्ताव रखा कि यूरोप में पूँजीवाद का जैसा स्वरूप विकसित हो रहा है—यानी सर्वहारा की दरिद्रता घट रही है और समाज का विभाजन पूँजीपति और सर्वहारा के दो ध्रुवों पर होने की बजाय बीच में अनेक मध्यमवर्गीय समूह पैदा हो रहे

हैं—उनमें सर्वहारा क्रांति की संभावना क्षीण होती जा रही है। अतः उन्होंने क्रांति की बजाय सुधारों के माध्यम से समाजवाद की ओर क्रमिक विकास की नीति को ही व्यावहारिक माना। उनके विचारों का, जिसे संशोधनवाद कहा जाने लगा, उस समय की सोशल डेमोक्रेटिक पार्टी में तीव्र विरोध हुआ और उसके दिग्गज नेताओं जैसे कार्ल काट्स्की और रोजा लक्जमबर्ग आदि के विरोध से उस समय इस संशोधन को पूरी तरह खारिज़ कर दिया गया। लेकिन इतिहास की धारा बर्नस्टाइन के पक्ष में ही जा रही थी। जर्मनी का सर्वहारा दरिद्र तो नहीं ही बना था, राष्ट्रीयता की भावना से भी मुक्त नहीं हुआ था और जब 1914 में प्रथम विश्व-युद्ध हुआ तो हक़ीक़त के इस दबाव से सोशल डेमोक्रेटिक पार्टी के ज़्यादा नेता राष्ट्रवादी बन युद्ध प्रयासों के समर्थक बन गये। कॉट्स्की अलग-थलग बन क्रांति की जगह राष्ट्रों के बीच शांतिवाद के समर्थक बने रहे और युद्ध के आख़िरी समय जब जर्मनी की पराजय के क्षण में मज़दूर रोजा लक्जमबर्ग की क्रांति के आह्वान की ओर आकर्षित हुए और स्पार्टिसिस्टों का विद्रोह हुआ तो उन्हें स्वयं अपने ही एबर्ट की सोशल डेमोक्रेटिक सरकार के दमन का मुक़ाबला करना पड़ा। इसकी पराजय के दौर में इस विद्रोह की नेता रोजा लक्जमबर्ग और लाइबनेख्त की हत्या कर दी गयी। इस संदर्भ में एक महत्त्वपूर्ण बात जो उभरी, वह यह है कि घोषणा-पत्र में व्यक्त आशा के अनुरूप पूँजीवाद का स्वायत्त विकास कहीं हुआ नहीं। पूँजीवाद का विकास यूरोप की विशेष परिस्थितियों और धन अर्जित करने के लिए असाधारण लूट-खसोट की प्रवृत्ति का परिणाम था। इसके लिए प्रारंभिक प्रेरणा तो पंद्रहवीं शताब्दी में कोलंबस से शुरु जहाज़ियों का अमेरिका और एशिया के भू-भागों से संपर्क, लूट-खसोट और व्यापार से आने वाले धन से मिली। धन कमाने की इस प्रवृत्ति ने ही नगरों के औद्योगिक गिल्डों की जगह, जो न्यूनाधिक इसमें काम करने वालों के सहयोग पर आधारित थे, उत्पादन को कारखानों के मालिकों के नियंत्रण में ला दिया। अंतरराष्ट्रीय व्यापार से अचानक आयी संपन्नता और इससे फैली माँग के लिए गिल्डों का पुराना ढाँचा अपर्याप्त साबित होता था। इस तरह उत्पादन के साधनों के स्वाभाविक विकास से नहीं, बल्कि यूरोप के संपन्न लोगों की लिप्सा के अस्वाभाविक विस्फोट से ही यूरोप में पूँजीवाद के विकास की नींव पड़ी। कुछ समाजशास्त्री धन-अर्जन की लिप्सा के इस अचानक विस्तार को प्रोटेस्टेंट मूल्यों की अभिव्यक्ति के रूप में देखते हैं, जिसमें ईश्वरीय अनुकंपा का प्रमाण इहलौकिक सफलता यानी व्यापार और धन अर्जित करने में सफलता में देखने लगे थे। इसमें संदेह नहीं कि व्यापारिक प्रसार से औद्योगिक

विकास तक की यात्रा पूरी करने में उन देशों ने विशेष महारत हासिल की, जहाँ प्रोटेस्टेंट धर्म ने अपनी जड़ जमा ली थी और उत्तरी अमेरिका, जो बाद में संयुक्त राष्ट्र अमेरिका बना, वहं तो शुरु से ही इसके सबसे उग्र तत्त्व प्युरिटनो से पटा था, जो 'पिलग्रिम फादर्स' से शुरु कर लगातार उत्तरी अमेरिका में बस रहे थे और वहाँ के मूल निवासियों को मारकर या खदेड़कर उनके भू-भागों को दख़ल करने में ईश्वरीय अनुकंपा का सबूत पेश कर रहे थे।

मार्क्स ने 1848 में कम्युनिस्ट घोषणा-पत्र जाहिर करने के पहले मजदूरों के बेगानेपन (ऐलिनियेशन) पर विशद् चर्चा की थी। उनका मानना था कि श्रम-विभाजन से पूँजीपतियों के नियंत्रण में एक तरह का नीरस और उबाऊ काम करने के क्रम में मज़दूर अपने आप से बेगाना हो जाता है और मालिकों को दिया गया श्रम उसके स्वत्व के बेगानेपन की अभिव्यक्ति होती है। यही बेगाना श्रम संचित हो पूँजीपतियों के हाथ की पूँजी बन जाता है और इस तरह फिर भविष्य में मजदूरों के शोषण का औजार। अतः अगर पूँजी को बड़ी मात्रा में शोषण का औजार बनना है तो कहीं-न-कहीं प्रारंभ में इसका संचय होना चाहिए। यह संचय विशेष रूप से एक यूरोपीय परिघटना थी। वैसे तो समाज और उत्पादन के साधनों का विकास दुनिया के अनेक देशों में हुआ तथा पुरानी और नयी दुनिया में भी अनेक सभ्यताओं का विकास हुआ। लेकिन कहीं भी दूसरी जगह वह मानसिकता नहीं पैदा हुई और पूँजी संचय का वैसा विशाल आयोजन नहीं हो पाया, जो यूरोप में हुआ। इसी से यूरोप में ही पूँजीवाद का वैसा स्वतः स्फूर्त विकास देखने में आया, जैसा दुनिया में अन्यत्र कहीं भी नहीं हो सका। इसलिए यह सोचना भूल होगी कि पूँजीवाद का विकास उत्पादन के साधनों के विकास के क्रम में अनिवार्य रूप से होने वाला एक पड़ाव है। दरअसल यह यूरोप की एक विशेष परिस्थिति, एक ख़ास मानसिकता और संसार-भर के और अपने देश के भीतर के धन को भी सभी हथकंडों से हासिल करने के संकल्प का ही परिणाम था और अपने विकास में भी यह स्वायत्त रूप से विकसित नहीं हो सकता, इसे सदा बाहर के संसाधनों का सहारा ढूँढ़ना पड़ता हैं।

यूरोप और विशेषकर ब्रिटेन में 'आदि पूँजी संचय' की प्रक्रिया का विस्तार से वर्णन मार्क्स की पुस्तक 'पूँजी' के प्रथम भाग के अंतिम हिस्से में दिया गया है और इसके विविध स्वरूपों को समझने के लिए मार्क्स द्वारा प्रस्तुत किये गये विवरणों के उद्धरणों से बेहतर कोई माध्यम नहीं हो सकता। मार्क्स ने पूँजी खंड प्रथम में 'तथाकथित आदिम संचय' के विषय में निम्न प्रकार से लिखा है :

"…. लेकिन पूँजी का संचय होने के लिए बेशी मूल्य (सर्पलस वैल्यु) का पैदा होना आवश्यक है। बेशी मूल्य पैदा होने के लिए पूँजीवादी उत्पादन होना ज़रूरी है और पूँजीवादी उत्पादन के अस्तित्व में आने के लिए आवश्यक है कि पण्यों के उत्पादकों के हाथों में पूँजी और श्रम-शक्ति की काफ़ी बड़ी राशियाँ पहले से मौजूद हों। इसलिए ऐसा लगता है, जैसे यह पूरी प्रक्रिया एक अपचक्र के भीतर चलती रहती है, जिससे बाहर निकलने का यही रास्ता है कि हम यह मान लें कि पूँजीवादी संचय के पहले आदिम संचय (जिसे एडम स्मिथ ने पूर्वकालिक संचय कहा था) हुआ था यानी कभी एक ऐसा संचय हुआ था, जो उत्पादन की पूँजीवादी प्रणाली का परिणाम नहीं था, बल्कि उसका प्रस्थान बिंदु था।"[1]

आगे वे लिखते हैं :

"आदिम संचय के इतिहास में ऐसी तमाम क्रांतियाँ युगांतरकारी होती हैं, जो विकासमान पूँजीपति वर्ग के लिए लीवर का काम करती हैं। सबसे अधिक यह बात उन क्षणों के लिए सच है, जब बड़ी संख्या में यकायक और जबर्दस्ती उनके जीवन-निर्वाह के साधनों से अलग कर दिया जाता है और स्वतंत्र एवं 'अनाश्रित' सर्वहारा के रूप में श्रम की मंडी में फेंक दिया जाता है। इस पूरी प्रक्रिया का आधार है खेतिहर-उत्पादक-किसान की ज़मीन को उससे छीन लिया जाना। इस भूमि-हरण का इतिहास अलग-अलग देशों में अलग-अलग रूप धारण करता है और हर जगह एक भिन्न क्रम में तथा भिन्न कालों में अपनी अनेक अवस्थाओं में से गुजरता है, किंतु उसका सबसे ठेठ रूप केवल इंग्लैंड में देखने को मिलता है, जिसको हम यहाँ मिसाल की तरह पाठकों के सामने पेश करेंगे।"[2]

आगे कुछ मिसाल यों प्रस्तुत किये गये हैं :

"जिस क्रांति ने उत्पादन की पूँजीवादी प्रणाली की नींव डाली, उसकी प्रस्तावना पन्द्रहवीं शताब्दी की आखिरी तिहाई में और सोलहवीं शताब्दी के पहले दशक में लिखी गयी थी। इस काल में सामंतों के भृत्यों और अनुगामियों के दल, जिनसे सर जेम्स स्टुअर्ट के न्यायोचित शब्दों में "हर घर और किला व्यर्थ भरा रहता था" भंग कर दिये गये, और इसके फलस्वरूप स्वतंत्र सर्वहारा मजदूरों की एक बहुत बड़ी संख्या श्रम की मंडी में झोंक दी गयी। ….इससे कहीं अधिक बड़ा सर्वहारा वर्ग बड़े-बड़े सामंतों, राजा और संसद के विरुद्ध धृष्टतापूर्वक संघर्ष करते

1. पूँजी खंड 1, काल मार्क्स, प्रगति प्रकाशन, मॉस्को, तीसरा संशोधित संस्करण 1987, पृष्ठ संख्या 749।
2. वही, पृष्ठ 751-2।

हुए किसानों को जबर्दस्ती उन जमीनों से खदेड़कर, जिन पर उनका भी खुद सामंतों के समान ही सामंती अधिकार था और सामूहिक भूमि को छीनकर पैदा कर दिया। फ्लैंडर्स में उनके उद्योग का तेज विकास होने और उसके साथ-साथ इंग्लैंड में ऊन का भाव बढ़ जाने से इन बेदख़लियों को प्रत्यक्ष रूप में बढ़ावा मिला। पुराना अभिजात वर्ग बड़े-बड़े सामंती युद्धों में मर-खप गया था। नया अभिजात वर्ग अपने युग की संतान था, जिसके लिए पैसा ही सबसे बड़ी ताकत थी। इसलिए उसका नारा था कि खेती की जमीनों को भेड़ों के बाड़ों में बदल डालो।"[1]

इस तरह सुधारों के कारण कैथोलिक चर्च की संपत्ति का अपहरण हुआ। मार्क्स लिखते हैं :

"लोगों की संपत्ति का बलपूर्वक अपहरण कर लेने की प्रक्रिया के सोलहवीं शताब्दी में रोमन चर्च के सुधार से और उसके फलस्वरूप चर्च की संपत्ति की लूट से एक नया और जबर्दस्त बढ़ावा मिला। चर्च-सुधार के समय कैथोलिक चर्च इंग्लैंड की भूमि के एक बहुत बड़े हिस्से का सामंती स्वामी था। जब मठों आदि पर ताले डाल दिये गये, तो उनमें रहने वाले लोग सर्वहारा की पाँतों में भर्ती हो गये। चर्च की जागीरें अधिकतर राजा के लुटेरे कृपा-पात्रों को दे दी गयीं या नाम-मात्र के दाम पर सट्टेबाज काश्तकारों और नागरिकों के हाथ बेच दी गयीं, जिन्होंने सारे-के-सारे पुश्तैनी शिकमीदारों को ज़मीन से खदेड़ दिया और उनकी जोतों को मिलाकर एक कर लिया। ....रानी एलिजाबेथ इंगलैंड की यात्रा करने के बाद चिल्ला पड़ी थीं कि 'यहाँ तो सब ओर कंगाल ही कंगाल हैं' उनके राज्यकाल के तैतालीसवें वर्ष में राष्ट्र को ग़रीबों की आर्थिक सहायता करने के लिए कर लगाकर सरकारी तौर पर यह मान लेना पड़ा कि देश में मुहताजी फैली हुई है।"[2]

पूँजी में किसानों की भूमि के ऐसे अपहरणों के अनेकों उदाहरण मार्क्स ने प्रस्तुत किये हैं, जिससे स्पष्ट होता है कि आदिम संचय से सर्वहारा का जन्म कोई स्वाभाविक प्रक्रिया का परिणाम नहीं था, बल्कि व्यापारिक लाभ से उत्पन्न हुई लोलुपता से प्रभावित लोगों द्वारा जोर-जबर्दस्ती और अमानुषिक जुल्मों का परिणाम था। दूसरी ओर ज़मीन से विस्थापित लोगों को तरह-तरह के अमानुषिक कानूनों के ज़रिये इस बात के लिए मजबूर किया जाता था कि वे कठिन-से-कठिन

1. वही, पृष्ठ 754।
2. वही, पृष्ठ 757।

काम करें। मार्क्स ने पूँजी में ही ऐसे कानूनों के अनेक उदाहरण दिये हैं। उन्होंने लिखा है :

"हेनरी आठवें के राज्यकाल में 1530 में एक कानून बनाया गया, जिसके अनुसार ऐसे भिखारियों को, जो बूढ़े हो गये थे और काम करने के लायक नहीं रह गये थे, भीख माँगने का लाइसेंस मिल जाता था। दूसरी ओर हट्टे-कट्टे आवारा लोगों को कोड़े लगाये जाते थे और जेलखानों में डाल दिया जाता था। कानून के अनुसार इन लोगों को गाड़ी के पीछे बाँधकर उस वक्त तक कोड़े लगाये जाते थे, जब तक कि उनके बदन से खून नहीं बहने लगता था, और उसके बाद उनसे कसम खिलवायी जाती थी कि वे अपने जन्म-स्थान को लौट जाएँगे या उस जगह चले जाएँगे, जहाँ वे पिछले तीन साल से रह रहे थे, और वहाँ श्रम करेंगे।"

फिर आगे :

"एडवर्ड छठे के राज्यकाल के प्रथम वर्ष 1547 में एक कानून बनाया गया, जिसके अनुसार यदि कोई आदमी काम करने से इनकार करता था तो उसे उस व्यक्ति की गुलामी करनी पड़ती थी, जिसने उसके खिलाफ शिकायत की थी कि वह अपना समय काहिली बिताता है। गुलाम के मालिक को उसे रोटी और पानी, पतला शोरबा और बचा-बचाया मांस ही खाने को देना होता था। वह उससे किसी भी तरह का काम ले सकता था चाहे वह काम कितना भी घिनौना क्यों न हो, और इसके लिए कोड़े और जंजीर का इस्तेमाल कर सकता था। अगर गुलाम काम से चौदह दिन ग़ैर हाजिर रहता था, उसे जीवन-भर की गुलामी की सज़ा दी जाती थी और उसके माथे या गाल पर गुलामी का 'S' निशान दाग दिया जाता था। अगर वह तीसरी बार काम से भाग जाता था, तो उसको घोर अपराधी करार देकर फाँसी दे दी जाती थी। अपनी किसी भी अन्य व्यक्तिगत संपत्ति या पशु की तरह मालिक गुलाम को बेच सकता था और किराये पर उठा सकता था। यदि गुलाम अपने मालिकों के खिलाफ कुछ करने की कोशिश करते थे, तो उनको भी फाँसी दे दी जाती थी। स्थानीय मजिस्ट्रेट सूचना मिलते ही ऐसे बदमाशों को पकड़ मँगाते थे। यदि यह देखा जाता था कि कोई आवारा आदमी तीन दिन से कुछ नहीं कर रहा है, तो उसे उसके जन्म-स्थान पर ले जाया जाता था और लोहा लाल करके उसकी छाती पर आवारागर्दी का 'V' चिह्न दाग दिया जाता था और फिर जंजीरों से जकड़कर उससे सड़क कुटवायी जाती थी या और कोई काम लिया जाता था। अगर आवारा आदमी अपने जन्म-स्थान का गलत पता बताता था, तो उसे जीवन-भर इस स्थान की, वहाँ के निवासियों की और वहाँ के कार्पोरेशन की

गुलामी करनी पड़ती थी और उसके माथे पर गुलामी का 'S' चिह्न दाग दिया जाता था। व्यक्तियों को आवारा आदमियों के बच्चों को उठा ले जाने और शागिर्द मज़दूरों के रूप में उनसे काम लेने का अधिकार था। लड़कों से 24 वर्ष की आयु तक और लड़कियों से 20 वर्ष की आयु तक। यदि ये बच्चे भाग जाते थे, तो उनको उपरोक्त आयु तक अपने मालिकों की गुलामी करनी पड़ती थी, जो इच्छा होने पर उनको जंजीरों से बाँधकर रख सकते थे। कोड़े लगा सकते थे, आदि।

मार्क्स के अनुसार यूरोप के दूसरे देशों; यथा फ्रांस, हॉलैंड आदि में भी ऐसे ही कानून सोलहवीं शताब्दी से लेकर अठारहवीं शताब्दी तक लागू होते रहे। ऐसे अनेक विवरणों के बाद मार्क्स लिखते हैं :

"इस प्रकार खेती करने वाले लोगों की सबसे पहले ज़बर्दस्ती ज़मीनें छीनी गयीं, फिर उनको उनके घरों से खदेड़ा गया, आवारा बनाया गया और उसके बाद उनको निर्मम और भयानक कानूनों का उपयोग करके कोड़े लगाये गये, दहकते लोहे से दागा गया, तरह-तरह की यातनाएँ दी गयीं और इस प्रकार उनको मज़दूरी की प्रणाली के लिए आवश्यक अनुशासन सिखाया गया।"[1]

मार्क्स के अनुसार वर्तमान विकसित पूँजीवादी व्यवस्था में आर्थिक दबावों के कारण आज भी मज़दूर वैसे ही काम करने के लिए मजबूर होता है, हालाँकि कुछ बल-प्रयोग अभी भी अपवाद के रूप में किया जाता है। इसीलिए अपनी स्थिति को सुधारने के मज़दूरों के सामूहिक प्रयत्नों को सदा प्रतिबंधित करने के प्रयास होते रहे। जैसे ब्रिटेन में ही कंबिनेशन ऐक्ट से मज़दूरों को संगठन बनाने के अधिकार से वंचित कर दिया गया था और बाद में काफ़ी आंदोलन करके ही मज़दूर संगठन बनाने का अधिकार हासिल कर सके। आज भी भारत समेत अनेक देशों में मज़दूरों की हड़ताल के अधिकार को बाधित करने के प्रयास सरकारों द्वारा होते हैं। लेकिन सबसे बढ़कर पूँजीवादी व्यवस्था से लगातार मज़दूरों में बेरोज़गारी बढ़ने से उनमें अपनी रोज़ी को बचाये रखने की चिंता इतनी अधिक होती है कि वे जल्दी ऐसे आंदोलन में पड़ने से बचते हैं, जिससे उनकी रोज़ी चली जाए। अगर हम यूरोप के पूँजीवाद के उदय के पूर्व की स्थितियों से लेकर पूर्ण विकसित पूँजीवाद के आधुनिक काल तक की स्थिति पर विचार करें तो मजदूरों के प्रत्यक्ष या अप्रत्यक्ष दमन की एक निरंतरता दिखाई देती है।

सर्वहारा के जन्म और विकास के साथ संकेन्द्रित पूँजी का विकास भी अभिन्न रूप से जुड़ा है और यह भी लूटखसोट, दमन और धोखाधड़ी पर ही

1. वही।

आधारित रहा है। इसमें जहाज़ियों द्वारा अमेरिका और आस्ट्रेलिया की खोज और अफ़्रीका के दक्षिणी भाग की परिक्रमा करते हुए एशिया से नये व्यापारिक संबंध—जिसमें व्यापार और लूटपाट का मिश्रित धंधा था—का महत्त्वपूर्ण योगदान था। मार्क्स लिखते हैं :

"अमेरिका में सोने और चाँदी की खोज, आदिवासी आबादी का समूल नष्ट कर दिया जाना, गुलाम बनाया जाना और खानों में जिन्दा दफना दिया जाना, ईस्ट इंडिया की विजय तथा लूट का श्रीगणेश, अफ़्रीका का हब्शियों के व्यापारिक आखेट की भूमि बन जाना—इसी प्रकार की घटनाओं के द्वारा यह संकेत मिला था कि पूँजीवादी उत्पादन का अरुणोदय हो रहा है। इन सुखद क्रियाओं का आदिम संचय में मुख्य भाग रहा है। उसके बाद तुरंत ही यूरोपीय राष्ट्रों का वाणिज्य युद्ध आरंभ हो गया, जिसका क्षेत्र पूरा भूगोल था। वह शुरु हुआ स्पेन के आधिपत्य के विरुद्ध नीदरलैंड के विद्रोह से, इंग्लैंड के जैकोबिन विरोधी युद्ध में उसने भयानक विस्तार प्राप्त किया और चीन के खिलाफ़ अफीम युद्धों के रूप में आज भी जारी है, इत्यादि।"[1]

एशिया में हॉलेंड और पुर्तगाल के लोगों द्वारा इंडोनेशियाई द्वीप समूह में लूटपाट एवं गुलाम बनाने और बेचने के निर्मम व्यापार के विवरण के बाद मार्क्स भारत के आदिम संचय की प्रक्रिया का विवरण इन शब्दों में करते हैं :

"जैसा कि सुविदित है, अँग्रेज़ों की ईस्ट इंडिया कंपनी का हिंदुस्तान में राजनीतिक शासन तो था ही, इसके अलावा उसको चाय के व्यापार का, चीन के साथ सभी प्रकार के व्यापार करने का और यूरोप से माल लाने और यूरोप में माल ले जाने का एकाधिकार भी मिला हुआ था। परंतु हिंदुस्तान के समुद्री किनारे के व्यापार और पूर्वी द्वीपों के पारस्परिक व्यापार और साथ ही हिंदुस्तान के अंदरूनी व्यापार का भी कंपनी के ऊँचे अधिकारियों को एकाधिकार था। नमक, अफीम, पान और अन्य मालों के व्यापार का एकाधिकार धन की अक्षय खान का काम करता था। इन चीज़ों के दाम खुद कंपनी के कर्मचारी निश्चित करते थे और अभागे हिंदुओं को इच्छानुसार लूटते थे। इस प्राइवेट व्यापार में गवर्नर जेनरल भी भाग लेता था। उसके कृपापात्रों को इतनी अच्छी शर्तों पर ठेके मिल जाते थे कि वे कीमियागरों से अधिक होशियार होने के कारण मिट्टी से सोना बनाया करते थे। चौबीस घंटों के अंदर कुकुरमुत्तों की तरह बटोर ली जाती थी; एक शिलिंग भी

1. वही, पृष्ठ 790।

पेशगी के रूप में लगाना नहीं पड़ता था। वारेन हेस्टिंग्ज के मुक़दमे में इस तरह के अनेक मामले सामने आये थे। .... संसद के सामने पेश की गयी एक सूची के अनुसार 1757 से 1766 तक कंपनी तथा इसके कर्मचारियों को हिंदुस्तानियों से 60,000,000 पाउंड उपहारों के रूप में प्राप्त हुए थे।[1]

ग़ैर-यूरोपीय देशों में अमेरिका पूँजीवादी विकास में अग्रणी था अमेरिका का मतलब उन अमेरिकियों का देश, जो ज़्यादातर ब्रिटेन से आकर ही शाही चार्टर के आधार पर अपना उपनिवेश कायम कर चुके थे और वहाँ के मूल निवासियों की भूमि और संपदा पर क़ब्ज़ा जमा वहाँ के मालिक बन बैठे थे। उनके पूँजी संचय की प्रक्रिया की एक बानगी मार्क्स के अनुसार :

"…. लेकिन जिनको सचमुच उपनिवेश कहा जा सकता था, उनमें भी आदिम संचय का ईसाई स्वरूप अक्षुण्ण था। प्रोटेस्टेंट मत के उन गंभीर साधकों—न्यू इंग्लैंड के प्यूरिटनों—ने 1703 में अपनी एसेम्बली के कुछ अध्यादेशों के द्वारा अमरीकी आदिवासियों को मारकर उनकी खोपड़ी की त्वचा लाने या उन्हें जिंदा पकड़ लाने के लिए प्रति आदिवासी 40 पाउंड पुरस्कार की घोषणा की थी। 1720 में प्रति त्वचा 100 पाउंड पुरस्कार का ऐलान किया गया था। 1744 में जब मैस्साचुसेट्स-बे ने एक ख़ास कबीले को विद्रोही घोषित किया तो निम्नलिखित पुरस्कारों की घोषणा की गयी : 12 वर्ष या उससे अधिक आयु के पुरुषों को मार डालने के लिए प्रति त्वचा 100 पाउंड (नयी मुद्रा में), पुरुषों को पकड़ लाने के लिए प्रति व्यक्ति 105 पाउंड, स्त्रियों और बच्चों को पकड़ लाने के लिए प्रति व्यक्ति 55 पाउंड, स्त्रियों और बच्चों को मार डालने के लिए प्रति त्वचा 50 पाउंड ….."[2]।

और अंततः इन लूट और हत्याओं के परिणामों का आदिम पूँजी संचय में भूमिका के बारे में मार्क्स लिखते हैं :

"जिस तरह गरम नर्सरी में पौधे जल्दी-जल्दी बढ़कर तैयार हो जाते हैं, उसी तरह औपनिवेशिक व्यवस्था की छत्रछाया में व्यापार और नौ-परिवहन बहुत तेजी से विकास करने लगे। लूथर ने जिनको 'एकाधिकारी कंपनियाँ' कहा था, उन्होंने पूँजी के संकेन्द्रण में शक्तिशाली साधनों का काम किया। उपनिवेशों में नवजात उद्योगों के लिए मंडियाँ तैयार हो गयीं, और मंडियों पर एकाधिकार होने के कारण और भी तेजी से संचय होने लगा। यूरोप के बाहर खुली लूटमार करके, लोगों को गुलाम बनाकर और हत्याएँ करके जिन ख़ज़ानों पर कब्जा किया जाता था, वे सब

---

1. वही, पृष्ठ 792।
2. वही।

मातृभूमि में पहुँचा दिये जाते थे और वहाँ वे पूँजी में बदल जाते थे। औपनिवेशिक व्यवस्था का पूर्ण विकास सबसे पहले हॉलैंड ने किया था। वह 1648 में ही वाणिज्य के क्षेत्र में अपने चरमोत्कर्ष पर पहुँच गया था।"[1] इसका पूरक भाग यह था कि मार्क्स की टिप्पणी के ही अनुसार 1648 के आते न आते हॉलैंड के लोगों से जितना ज़्यादा काम लिया जाता था, वे जैसी गरीबी में रहते थे और उन पर जैसा पाशविक अत्याचार किया जाता था, बाकी सारा यूरोप मिलकर भी उसका मुकाबला नहीं कर सकता था।

ऊपर मार्क्स से जो उद्धरण लिये गये हैं, उससे एक बात तो स्पष्ट है कि पूँजी संचय और पूँजीवादी व्यवस्था का विकास मानव-विकास की कोई स्वाभाविक प्रक्रिया नहीं है। दुनिया के बहुत से इतिहासकार और अर्थशास्त्री इस बात का कारण ढूँढ़ते रहे हैं कि चीन, भारत, मिस्र या मेक्सिको आदि में जहाँ ऊँचे दर्जे की सभ्यता विकसित हुई थी, पूँजीवाद का विकास क्यों नहीं हो पाया। कारण स्पष्ट है कि धन को ही सर्वोच्च देवता मानकर और इसकी उपलब्धि को देवी-अनुकंपा का प्रमाण मान इसके लिए सभी तरह का जुल्म क्रमबद्ध ढंग से करने का संकल्प संसार में, और कहीं नहीं हो पाया। इसीलिए इन दूसरी सभ्यताओं में आविष्कार बुनियादी ज़रूरतों के हिसाब से धीरे-धीरे हुए और फिर किसी नयी उत्तेजना के अभाव में जहाँ-के-तहाँ रह गये। उत्पादन-संबंध भी कमोबेश स्थिर रहे। उदाहरण के लिए पानी की ऊर्जा का प्रयोग तो एशिया में हज़ारों साल से चल रहा था। लेकिन उद्योगों के लिए बड़े पैमाने पर इसका प्रयोग यूरोप के वैश्विक व्यापार के फैलाव के बाद शुरू हुआ। भाप की शक्ति के खिलौने के रूप में प्रयोग पहले मिस्र में हुआ, लेकिन औद्योगिक प्रयोग वॉट के बाद शुरू हुआ। चीन ने छपाई, चुम्बक, बारूद, कागज़ आदि का आविष्कार किया। लेकिन इन आविष्कारों का उद्योगों के लिए बड़े पैमाने पर प्रयोग पूँजीवादी यूरोप में ही हो पाया। मनुष्य का स्वाभाविक रुझान बने-बनाये जीवन-वृत्त में चलने का ही होता है और आदमी इससे बाहर सदा किसी बाहरी दबाव या नई आवश्यकता के दबाव में ही काम करता है। पारंपरिक जीवन-पद्धति में सुरक्षा का भाव बना रहता है और आदमी को सदा अप्रत्याशित आपदाओं का डर नहीं रहता। यह वर्तमान पूँजीवादी औद्योगिक समाज में ही होता है कि आदमी सदा अप्रत्याशित संभावनाओं के मनोवैज्ञानिक घेरे में रहता है इससे कुछ आशाएँ भी बनी रहती हैं, लेकिन आशंकाएँ अधिक सशक्त रूप से घेरे रहती हैं।

---

1. वही, पृष्ठ 793।

यूरोप और इसके अमेरिकी उपनिवेशकों को छोड़ दें तो पूँजीवाद का तेज विकास सिर्फ एक देश में हुआ है, वह है जापान। जापान में भी पूँजीवाद के तेज विकास की कुछ स्थितियाँ तोकुगावा शोगुन (एक तरह का पारिवारिक सामंती शासन) में शुरू हो गयी थीं। इस तरह की स्थिति सीमित ढंग से समुद्र से घिरे और समुद्री यातायात और व्यापार पर निर्भर दूसरी जगहों पर भी हुई है। जापान में सामंती व्यवस्था के बावजूद व्यापार काफ़ी बढ़ा और एक व्यापारी वर्ग का विकास हुआ था। इन व्यापारियों ने काफ़ी शक्ति हासिल कर ली थी। जापान में सामंती शोषण भयंकर था, लेकिन इस शोषण से प्राप्त धन से खेती की तरक्की भी होती रही थी, एक तरह की प्राथमिक संचय की स्थिति। संभवतः खेती लायक भूमि के अभाव में कृषि-सुधार यहाँ के शासक वर्ग के अस्तित्व के लिए आवश्यक था। पूँजीवाद के विकास के लिए स्थितियों के मौजूद होने के बावजूद जापान में पूँजीवाद का विकास पश्चिमी देशों से मिली चुनौती और उससे मुकाबला करने के संकल्प से हुआ और इसी क्रम में साम्राज्यवादी प्रसार भी हुआ, जो पूँजीवाद की स्थापना की सबसे महत्त्वपूर्ण शर्त को पूरा करता था। यूरोपीय संपर्क से एक मॉडल सामने होना और इसकी श्रेष्ठता का अहसास भी एक कारण था। शोगुन काल में जापान ने पश्चिमी देशों के साथ संबंधों को लगभग बंद ही कर दिया था। लेकिन 1854 में एक अमेरिकी जहाज़ी ऑफिसर मैथ्यु सी. पेरी ने हमला कर जापान को इसके लिए मजबूर कर दिया कि वह पश्चिमी देशों के व्यापार के लिए अपना दरवाज़ा पूरी तरह खोल दे। उसके ऊपर कई गैर-बराबर समझौते भी लाद दिये। इन्हीं दबावों में शोगुन-शासन का अंत भी हुआ और 1868 में मेजी राजा के वर्चस्व की स्थापना हुई।

1871 में सामंती व्यवस्था को खत्म किया गया। हालाँकि बड़े भू-स्वामियों का वर्चस्व द्वितीय विश्व-युद्ध तक बना रहा। मेजी शासन के पक्ष में विद्रोह विदेशी आक्रमण से पराजय की प्रतिक्रिया में हुआ था। पर नये शासकों ने यह देखकर कि वे पुराने तरीकों से पश्चिमी शक्तियों का मुकाबला नहीं कर सकते, अपनी व्यवस्था को पश्चिमी साँचे में ढालना शुरू किया। पश्चिम के फ़ौजी ज्ञान, और औद्योगिक तकनीकों और इसके अनुरूप शासन-व्यवस्था को ढालना शुरू हुआ। सरकार और पहले से अस्तित्व में आये व्यापारी वर्ग के सहयोग से नये तरह के उद्योगों का विकास शुरू हुआ। शिक्षा और प्रशासन को पश्चिमी देशों, खासकर जर्मनी के साँचे में ढाला जाने लगा। जापान उन्नीसवीं शताब्दी के आखिर में स्वयं साम्राज्यवादी प्रसार की दौड़ में शामिल हो गया। इसमें इसका मनोबल बढ़ा, जब

1894-95 के चीन से युद्ध में इसने फारमोसा (वर्तमान ताइवान) और मंचुरिया के अंतरीप पर अपना क़ब्ज़ा जमा लिया।

1904-05 में इसने युद्ध में रूस को शिकस्त देकर अपने को एक साम्राज्यवादी शक्ति के रूप में स्थापित कर लिया। 1910 में इसने कोरिया पर क़ब्ज़ा कर लिया। इसके बाद से जापान दुनिया की पूँजीवादी व्यवस्था में एक शक्तिशाली शागिर्द के रूप में शामिल हो गया। यहाँ भी यह दिखाई देता है कि पूँजीवाद का विकास तब तक नहीं आया, जब तक एक ज़बर्दस्त प्रेरणा और नमूना पश्चिमी देशों से नहीं मिला और भीतरी और बाहरी लोगों का निर्बाध शोषण करने का अधिकार प्राप्त नहीं हुआ।

पूँजीवाद के विकास का साम्राज्यवाद के साथ इसी अभिन्न रिश्ने को देखते हुए समाजवादी नेता डॉ. राममनोहर लोहिया ने अपनी पुस्तक 'इकोनॉमिक्स आफ्टर मार्क्स' में लिखा कि लेनिन की इस मान्यता के विपरीत कि साम्राज्यवाद पूँजीवाद का अंतिम चरण है, यह कहा जा सकता है कि साम्राज्यवाद दरअसल पूँजीवाद के विकास की पूर्व शर्त रही है। यह बात ज़रूर है कि लेनिन ने जो कुछ कहा था, वह एक विशेष संदर्भ में, जब दुनिया की कुछ प्रमुख शक्तियाँ प्रथम विश्व-युद्ध के कगार पर थीं और इस युद्ध के पीछे मूलतः अपनी पूँजी के विस्तार के क्षेत्र की तलाश थी। हम आगे पूँजीवाद के मार्क्स के बुनियादी सिद्धांत के विवेचन से देखेंगे कि कैसे पूँजीवाद का ढाँचा चरमराने लगता है, जब तक इसे विकास के अपने परिवेश और स्वायत्त ढाँचे के बाहर के किसी क्षेत्र का सहारा नहीं मिलता। लेकिन इस विवेचन के पहले हम पहले मार्क्स के पूँजी के विकास के प्रतिमान पर नजर डालने की कोशिश करेंगे।

दूसरा अध्याय

मूल्य का श्रम-सिद्धांत

पीछे हमने देखा है कि मार्क्स द्वारा दिये गये विवरणों में से जिन्हें उद्धृत किया गया है, यह जाहिर है कि पूँजीवाद का जन्म यूरोप की अपने ढंग की विलक्षण स्थिति से हुआ था और इसके पीछे वहाँ के एक वर्ग का धार्मिक अंधविश्वास[1] एवं घोर लिप्सा थी, जिसकी पूर्ति के लिए अपने देशों में और उन देशों में, जिनके संपर्क में वह आया, अकल्पनीय क्रूरता और हिंसा का सहारा लिया गया। ईसाई धर्म-कथा में वर्णित आदि पाप की तरह इसका जन्मकाल और पहला चरण यातनाओं और हत्याओं से पटा है। पूँजी के प्रारंभिक पाप की छाया पूँजीवाद के विकास के अगले चरणों पर भी पड़ती रही है और इसके विकास एवं प्रसार की कहानी कुछ छोटे अंतराल को छोड़ दें तो मानव-त्रासदियों की लंबी शृंखला रही है। लेकिन मार्क्स इस बात से आश्वस्त थे कि हिंसा, क्रूरता और संघर्षों के बीच से पूँजीवाद से उत्पादन की ऐसी स्थितियाँ पैदा हो रही हैं और एक ऐसा क्रांतिकारी वर्ग उभर रहा है, जिससे अनिवार्य रूप से एक समाजवादी समाज निकलेगा, जिसमें समता का राज्य होगा और प्रत्येक व्यक्ति का उत्थान उसके पड़ोसी के उत्थान का पूरक होगा। कम्युनिस्ट एवं 1843 और 1847 तक की रचनाओं से यही ध्वनि निकलती है। अगर यह कल्पना सही थी तो मार्क्स के सबसे महत्त्वपूर्ण वैज्ञानिक अध्ययन में, जिसमें पूँजी के जन्म, इसके विकास और विस्तार का विश्लेषण एवं वर्णन है, एक ऐसी ही तस्वीर उभरती। अगर ऐसा हो पाता तो अंततः हमें सुरंग के छोर पर रोशनी दिखाई देती और हम भविष्य के लिए आश्वस्त हो सकते। ऐसी संभावना के परीक्षण के लिए हमें पूँजी की मूल अवधारणाओं और वर्णित स्थितियों पर विचार करके देखना होगा कि पूँजीवाद किस हद तक युवा मार्क्स की क्रांतिकारी आकांक्षाओं के अनुरूप स्थितियाँ पैदा करता रहा है।

1. प्रोटेस्टेंट धर्म और विशेषकर इसके एक संप्रदाय काल्विन के अनुयायियों का यह विश्वास, जिसका ज़िक्र पहले हुआ है कि इस जीवन में उद्यमों की सफलता ईश्वर के अनुग्रह का प्रमाण है।

एक वैज्ञानिक के रूप में मार्क्स ने पूँजीवाद का अध्ययन इसके संबंध में कुछ बुनियादी कल्पनाओं (हाइपोथेसिस) के आधार पर करने की कोशिश की। जैसे भौतिकशास्त्री पदार्थों की बनावट को समझने के लिए परमाणु की कल्पना से आगे बढ़े, वैसे ही मार्क्स ने मनुष्यों के आर्थिक संबंधों को समझने के लिए 'पण्यों' का अध्ययन शुरू किया। पण्य वे सभी वस्तुओं हैं, जो आदमी की किसी मूल आवश्यकता की पूर्ति करते हैं। पर साथ-साथ विनिमय की वस्तुएँ भी हैं। एक उदाहरण है—अनाज, जिससे आदमी को भोजन भी मिलता है और यह बाज़ार से या पड़ोसी से खरीदा भी जा सकता है—चाहे पैसा देकर या बदले में ज़रूरत की कोई दूसरी वस्तु देकर। इसलिए हवा 'पण्य' नहीं है, क्योंकि यह आदमी के जीवन की आवश्यकता तो पूरा करती है, क्योंकि बिना हवा हम जी नहीं सकते, पर इसकी खरीद बिक्री नहीं होती, क्योंकि यह हमें प्रकृति से बिना प्रयास प्राप्त होती है। पानी भी पहले ऐसी ही वस्तु था, पर अब बोतल बंद पानी के रूप में पण्य बन गया है।

इस तरह मार्क्स की कल्पना के अनुसार पण्यों में दो मूल्य निहित हैं : एक उपयोग मूल्य और दूसरा विनिमय मूल्य। उपयोगिता का होना तो किसी भी पण्य के लिए प्राथमिक ज़रूरत है, लेकिन विनिमय में ही इसके मूल्य का अर्थशास्त्र की दृष्टि से महत्त्व है, क्योंकि वस्तुओं के समाज या बाज़ार में, परिचालन में इसका मान इसी से निर्धारित होता है। इसका मार्क्स के अर्थशास्त्र में कुछ वैसा ही स्थान है, जैसा भौतिक शास्त्र में भार (Mass) या ऊर्जा का। यह एक ऐसी कल्पना है, जिसके आधार पर मार्क्स न सिर्फ पण्यों के विनिमय का मानक स्थापित करते हैं, बल्कि समाज में स्थित और उत्पादन एवं विनिमय की प्रक्रिया से जुड़े मनुष्यों के संबंधों को भी इसी में प्रतिबिंबित मानते हैं। यह कैसे होता है, यह मूल्य के आधार की उसकी स्थापना से जाहिर होता है। सबसे पहले मार्क्स यह सवाल करते हैं कि जब 10 गज़ कपड़े का विनिमय 20 किलो अनाज से होता है तो हम कैसे तय करते हैं कि दोनों समतुल्य हैं। दोनों की कीमत को 5 या 10 रुपये यानी मुद्रा में आँकने की बात तो बहुत बाद की है। पहले तो यही तय करना है कि दो अलग-अलग आवश्यकताओं को पूरा करने वाली वस्तुओं 10 गज़ कपड़ा और 20 किलो अनाज में क्या ऐसा है, जिससे हम यह तय करते हैं कि दोनों का मूल्य बराबर है।

यहाँ मार्क्स पूर्ववर्ती ब्रतानी अर्थशास्त्री एडम स्मिथ और रिकार्डो की स्थापनाओं से प्रारंभ करते हैं। मार्क्स उनसे यह विचार लेते हैं कि इन वस्तुओं का मूल्य बराबर इसलिए है, क्योंकि इन्हें तैयार करने में बराबर मानव-श्रम लगा हुआ है—यानी

अगर 10 गज़ कपड़ा तैयार करने में 10 घंटा मानव-श्रम लगा है तो 20 किलो अनाज तैयार करने में भी उतना ही मानव-श्रम लगा है। श्रम की प्रक्रियाएँ या स्थितियाँ भिन्न हो सकती हैं, लेकिन मोटा-मोटी श्रम की मात्रा दोनों जिंसों को तैयार करने में बराबर रही है। लेकिन यहाँ मार्क्स इस विचार को थोड़ा और परिष्कृत करते हैं। यह एक आम अनुभव है कि एक आदमी काम करने में तेज़ है और दूसरा सुस्त और इस तरह एक आदमी एक नियत समय में दूसरे से अधिक माल तैयार कर लेता है। फिर दोनों के बीच काम के घंटे से किसी पण्य का मूल्य-निर्धारण कैसे होगा? यहाँ मार्क्स उत्पादन-प्रक्रिया में लगे समाज के उत्पादन की स्थिति से पैदा मानक यानी अलग-अलग लोगों द्वारा एक नियत समय में तैयार की गई वस्तु की मात्रा के औसत को आधार बनाते हैं। यह औसत न सिर्फ काम करने वाले लोगों की क्षमताओं का औसत होता है बल्कि समाज में व्यवहार में लाये जाने वाले तकनीक के आधार का भी आकलन करता हैं यानी आमतौर से अपनायी गयी तकनीक के आधार पर ही उत्पादन का औसत निर्धारित होता है। इसलिए किसी वस्तु के अधुनातन तकनीक पर आधारित उत्पादन में लगे समय और उसी वस्तु के उत्पादन में आदिम अवस्था में लगे समय का कोई औसत नहीं हो सकता। इस समय को मार्क्स 'सोशली नेसेसरी लेबर टाइम' यानी किसी समाज विशेष में निर्धारित श्रम का औसत समय कहते हैं।

इस तरह पण्य का मूल्य उसके उत्पादन में लगे श्रम से निर्धारित होता है। इसी आधार पर तय होता है कि किसी वस्तु—जैसे अनाज की कितनी मात्रा का विनिमय किसी दूसरी वस्तु कपड़ा की कितनी मात्रा से होगा। इस तरह संसार की भिन्न लगने वाली सभी वस्तुओं का विनिमय-मूल्य निर्धारित हो जाता है। जैसे दस गज़ कपड़ा = बीस किलो अनाज = एक जोड़ा जूता = एक छाता आदि। इन सबकी समतुल्यता इनमें दिखाई नहीं देने वाले श्रम की लागत से निर्धारित होती है। इस विनिमय की विशेषता यह है कि इसमें कितनी ही वस्तुओं का विनिमय क्यों न हो, विनिमय करने वाले को सदा बराबर मूल्य ही उपलब्ध होता है। यह विनिमय चलता इसलिए रहता है कि समाज में अलग-अलग लोगों की ज़रूरतें अलग होती हैं और अलग-अलग लोग अपने श्रम से अलग-अलग वस्तुएँ बनाते रहते हैं। इस विनिमय से सब लोगों की ज़रूरतों की पूर्ति दूसरे लोगों द्वारा निर्मित वस्तुओं से होती है। जैसे अनाज पैदा करने वालों को कपड़ा और कपड़ा बनाने वालों को अनाज और इन दोनों को छाता और जूता और इसी तरह छाता और जूता बनाने वाले को कपड़ा और अनाज विनिमय से प्राप्त हो जाता है। अगर पण्य के मूल्य को C से व्यक्त करें तो इन सभी विनिमयों में C = C = C = C होता है।

इसमें ध्यान देने की बात यह है कि किसी प्राथमिक समाज को छोड़ जहाँ पास-पड़ोस के लोग अपना सामान लेकर आते हैं और उनकी अदला-बदली कर लेते हैं, आमतौर से लोग किसी भी वस्तु को मुद्रा देकर खरीदते हैं, वर्तमान मुद्रा का जन्म भी विनिमय की लंबी प्रक्रिया से हुआ है। पास-पड़ोस के लोगों को छोड़ दें तो दूर-दराज के लोगों से वस्तुओं की अदला-बदली यानी विनिमय काफी कठिन होता होगा। ज़रूरत की अनेक वस्तुओं को बिना यह जाने कि दूसरे स्थान पर किसको किस चीज़ की ज़रूरत होगी, ले जाना काफी मुश्किल काम रहा होगा। इसी समस्या का समाधान मुद्रा के ईजाद से हुआ।

सोना, चाँदी, काँसा या ताँबा आदि मुद्रा बनने के पहले उपयोग की दूसरी वस्तुओं की तरह पण्य ही थे, जिनका उपयोग आभूषण, बर्तन या हथियार बनाने में होता था। लेकिन इनकी विशिष्टता यह थी कि इन्हें विशेष मात्रा में काटा जा सकता था या फिर टुकड़ों को बड़ी मात्रा में ढाला जा सकता था। इस तरह विनिमय के समय आसानी से इनके टुकड़ों का वजन या इनके निश्चित वजन वाले टुकड़ों की गिनती हो सकती थी। इसी सुविधा के कारण सोना या चाँदी का मूल्य भी दूसरे पण्यों की तरह इसके उत्पादन में लगे श्रम के घंटों से निर्धारित होता था। कालांतर में जब राजाओं के साम्राज्य बने तो उन्होंने मात्रा के हिसाब से इनके टुकड़ों पर मुहर लगा, इन्हें बाजाप्ता मुद्रा में परिवर्तित कर दिया। इस मुद्रा को M से व्यक्त किया जा सकता है। अब C का विनिमय दूसरे C से करने की बजाय इस विनिमय में मुद्रा यानी M की भूमिका आदमी की किसी ज़रूरत की पूर्ति की नहीं रहती। यह सिर्फ मूल्यों का माप-भर रह जाता है और लोग मुद्रा को इसलिए रखते हैं, ताकि जब ज़रूरत हो, विनिमय के द्वारा इससे कोई भी आवश्यक पण्य खरीद लें। यानी अब विनिमय का रूप हो जाता है M-C यानी मुद्रा से कोई पण्य या फिर पण्य उत्पादक के लिए C-M यानी पण्य बेचकर मुद्रा हासिल कर लेना। इस तरह विनिमय M-C और फिर C-M का रूप धारण कर लेता है, इस तरह सभी विकसित समाज में लोग, विशेषकर व्यापार में मुद्रा से पण्य खरीदते हैं और फिर पण्य बेचकर मुद्रा हासिल कर लेते हैं।

अब हम एक ऐसे व्यापारी की कल्पना करें, जो विनिमय में लाभ लेकर मुद्रा बढ़ाना चाहता है यानी विनिमय में लगी पूँजी बढ़ाना चाहता है। अगर विनिमय M-C-M मुद्रा से कोई पण्य खरीदकर फिर पण्य बेचकर मुद्रा हासिल करना हो तो इस विनिमय में अपना समय और अपनी शक्ति खर्च कर इस व्यापारी को तो कोई लाभ होगा नहीं। उसे तो ऐसा पण्य चाहिए, जिससे विनिमय के अंत में मुद्रा

की मात्रा बढ़ जाए यानी विनिमय M-C-M होने की बजाय $M-C-M^1$ हो जाय, जहाँ M^1M+ कोई मात्रा $M\Delta$ हो यानी $M\Delta$ बेशी या अतिरिक्त मूल्य हो जाता है। व्यापारी लगन के साथ विनिमय में इसीलिए लगा रहता है, ताकि उसे सदा यह अतिरिक्त मूल्य प्राप्त होता रहे। यहाँ मार्क्स किसी विशेष स्थिति के कारण किसी पण्य का महँगा होने या किसी पण्य को दूर-दराज जगह ले जाकर इसमें लगे परिश्रम या खर्च से अधिक दाम मिल जाने की बात नहीं कर रहे हैं। वह इस विनिमय में निहित अतिरिक्त मूल्य पाने की बात कर रहे हैं। मार्क्स के मुताबिक पण्यों का मूल्य पैदा करने वाला मानव-श्रम ही वह पण्य है, जिसके विनिमय से पूँजीपति व्यापारी को बेशी या अतिरिक्त मूल्य प्राप्त हो सकता है।

बाजार में श्रम का मूल्य निर्धारित होता है उस राशि से जिससे श्रमिक जिंदा रहकर काम कर सकता है और संतान-वृद्धि कर सकता है। यानी उसके अपने और अपने परिवार को जिंदा रखने के खर्च से। अब मान लीजिए कि कोई मज़दूर पूँजीपति के लिए आठ घंटे काम करता है। अब इस आठ घंटे में जितना पण्य निर्माण करता है, उसमें मान लीजिए कि छः घंटे में, वह अपने और परिवार के जीवन के लायक मूल्य पैदा कर लेता है। इस तरह जो दो घंटे में पैदा किया गया मूल्य (यानी 8-6 घंटे का मूल्य), वह अतिरिक्त मूल्य होगा, जो पूँजीपति का मुनाफा होगा।

मार्क्स की दृष्टि में यही बेशी या अतिरिक्त मूल्य पूँजीपति के मुनाफे का स्रोत है और इसी में निहित है मज़दूरों का शोषण। मज़दूर के बेगानेपन का भाव भी इसी शोषण से जुड़ा होता है, क्योंकि उसका उद्यम अपने जीवन के परिष्कार के लिए अपनी भावना या आवश्यकता की अभिव्यक्ति नहीं होती बल्कि एक बाहरी शक्ति द्वारा निर्धारित होती है, जो उसके श्रम का उपयोग अपने मुनाफ़े के लिए करती है। इसी संबंध में निहित होता है, मज़दूरों और पूँजीपतियों के बीच चलने वाला सतत संघर्ष, ज़िसमें पूँजीपति की कोशिश होती है ज़्यादा-से-ज़्यादा अतिरिक्त मूल्य हासिल करने की और मज़दूर उत्पादित मूल्य पर पूरा या अधिक-से-अधिक अधिकार चाहता है। यह संघर्ष मात्रात्मक भी है और एक गहरे धरातल पर भावनात्मक भी। मात्रात्मक इसलिए, क्योंकि काम के समय के अधिक-से-अधिक भाग पर अधिकार का संघर्ष है। लेकिन इससे भी अधिक यह संघर्ष भावनात्मक इसलिए होता है, क्योंकि श्रमिक का काम उसकी सर्जनात्मक चेतना की अभिव्यक्ति नहीं होता, जैसे किसी शिल्पी का होता है, बल्कि पूँजीपति के मुनाफ़े के हिसाब से नियोजित होता है, यानी ऐसे पण्यों के उत्पादन के लिए जिससे बाजार में अधिक-से-अधिक मूल्य मिल सके।

पूँजीपतियों की ओर से इस दिशा में एक भोंडा प्रयास तो यह होता है कि मज़दूर की उत्पादकता बढ़ाये बगैर वह काम के घंटों को बढ़ाता जाए—लिहाज़ा काम के घंटे 8 की बजाय 10 या 12 किये जा सकते हैं। इस तरह अतिरिक्त मूल्य की मात्रा प्रति मजदूर 2 घंटे के उत्पाद के बदले 4 घंटे या 6 घंटे के उत्पाद के बराबर हो जाएगा। औद्योगिकरण के प्रारंभिक वर्षों में काम के घंटे 16 या 18 घंटे तक हो सकते थे। लेकिन लम्बी अवधि के काम की असह्य स्थितियों के ख़िलाफ़ मज़दूर लगातार संघर्ष करते रहे। विशेषकर काम के घंटे को घटाकर 8 घंटा करने का संघर्ष मजदूर-आंदोलन के इतिहास में मई दिवस के रूप में एक मील का पत्थर बन गया। दूसरी ओर औद्योगिक क्रान्ति के साथ लाई गयी मशीनों पर काम करना शुरू में मज़दूरों को अपने स्वभाव और जीवन के लय से इतना विपरीत जान पड़ता था कि उनका विद्रोह मशीनों के ख़िलाफ़ फूट पड़ा और मज़दूर मशीनों को नष्ट करने लगे, जो ब्रिटेन में 'लुडाइट आंदोलन' के नाम से जाना जाता है। दोनों ही तरह के आंदोलनों को राज्य के नृशंस दमन और हिंसा से दबाया गया। यह दूसरे तरह का संघर्ष आधुनिक ढंग के किसी भी औद्योगिक उद्यम में निहित है, क्योंकि वास्तविक काम में यह बात गौण हो जाती है कि मज़दूर किसी पूँजीपति के लिए काम कर रहा है या किसी सार्वजनिक प्रतिष्ठान के लिए। दोनों ही में मज़दूर के काम का नियोजन किसी बाहरी तत्त्व द्वारा किसी बाहरी लक्ष्य की पूर्ति के लिए होता है, भले ही यह लक्ष्य किसी सार्वजनिक हित में हो। हालाँकि मार्क्स ने अपने प्रारंभिक अध्ययनों में बेगानेपन की इस स्थिति का अध्ययन किया था और यह उनके लिए इतना महत्त्वपूर्ण बन गया था कि श्रम-विभाजन को ही वह शोषण का आधार मानने लगे थे, लेकिन अतिरिक्त मूल्य के संदर्भ में उनके लिए यह चर्चा गौण हो गयी थी। इसलिए पूँजी के अध्ययन में मार्क्स के विचार के इस पहलू पर विचार करना बहुत प्रासंगिक नहीं होगा, क्योंकि यहाँ मार्क्स ने इसमें इसके आर्थिक पक्ष और इसमें निहित शोषण का ही अध्ययन किया है।

मशीनों के विकास के साथ अतिरिक्त मूल्य पाने का एक दूसरा उपाय पूँजीपतियों को मिल गया। हमने देखा है कि पूँजीपति मज़दूरों को उसके श्रम का उतना ही मूल्य देना चाहता है, जिससे वह अपना और अपने परिवार का भरण-पोषण कर सके। मशीनों के आने से उत्पादकता इतनी बढ़ गयी कि मज़दूरों के भरण-पोषण के लायक मूल्य एक अल्प अवधि के काम से ही संभव हो गया। यानी अगर पहले मज़दूर को अपने जीवन-यापन के लिए अपने श्रमकाल के 8 घंटे में 6 घंटे का श्रम देना होता था तो अब वह 4 या 2 घंटे के श्रम से ही इतना

उत्पादन कर सकता था, जिससे उसकी मज़दूरी के बराबर वस्तुएँ प्राप्त हो सकें। इस तरह अब अतिरिक्त मूल्य 8–6 = 2 घंटे की बजाय 8–4 = 4 या 8–2 = 6 घंटे हो जाएगा। इस तरह पूँजीपतियों के लिए संभव हो जाता है कि मजदूरों के काम के घंटे बढ़ाये बगैर ही वह ज़्यादा बेशी या अतिरिक्त मूल्य हासिल कर सके। पूँजी में मार्क्स ने मशीनों की संरचना, उसका उत्पादकता से संबंध और बेशी मूल्य के संचय तथा इसके हस्तांतरण का अत्यंत ही गहन अध्ययन किया और उसमें मशीनों के आज तक के विकास की प्रक्रिया की अच्छी झलक मिल जाती है, जबकि यह अध्ययन आज से डेढ़ सौ साल पहले किया गया था।

मार्क्स ने मशीनों के अध्ययन में औजार और मशीन के चरित्र के बुनियादी भेद को उजागर किया था। इस भेद को समझ लेने के बाद हमारे लिए यह संभव हो सकता है कि हम इस पहेली का भी हल पा सकें कि क्यों मानव-श्रम को मूल्य का आधार मान लेने पर पारंपरिक उद्योगों में तैयार माल, जिस पर भारी मात्रा में श्रम खर्च हुआ है और आधुनिक उद्योगों में उत्पादित उतना ही माल जिस पर बहुत कम श्रम खर्च हुआ है। समान दाम पर बेचे जाते हैं, जबकि अत्यधिक श्रम पर आधारित होने वाले पारंपरिक वस्तुओं का श्रम आधारित मूल्य कहीं अधिक होना चाहिए। यहाँ मार्क्स के विचार को उनके ही शब्दों में विस्तार से उद्धृत किया गया है, क्योंकि उन्होंने उसे बहुत ही स्पष्ट ढंग से रखा है।

'गणित और यांत्रिकी के विद्वान औज़ार को सरल मशीन और मशीन को जटिल औज़ार कहते हैं, और इंगलैंड में कुछ अर्थशास्त्री भी उन्हीं का अनुकरण करते हैं। वे उनमें कोई बुनियादी अंतर नहीं देखते, और यहाँ तक कि उन्होंने सरल ढंग की यांत्रिक शक्तियों को; जैसे—लीवर, ढालु, समतल, पेंच, पच्चर आदि को भी मशीन का नाम दे दिया है। प्रत्येक मशीन असल में इन सरल शक्तियों का ही योग होता है, भले ही उन पर किसी भी प्रकार का आवरण डाल दिया गया हो। आर्थिक दृष्टिकोण से इस व्याख्या का कोई मूल्य नहीं है, क्योंकि इसमें ऐतिहासिक तत्त्व का अभाव है। औज़ार और मशीन के अंतर की एक व्याख्या यह है कि औज़ार की चालक-शक्ति मनुष्य होता है जबकि मशीन की चालक-शक्ति मनुष्य से भिन्न कोई चीज़ होती है, जैसे मिसाल के लिए, कोई जानवर, पानी, हवा आदि। इस मत के अनुसार बैलों द्वारा खींचा जाने वाला हल, जो एक दूसरे से अत्यंत भिन्न युगों में समान रूप से पाया जाता है, मशीन है, मगर क्लौस्सेन का वृत्ताकार करघा, जिस पर केवल एक मज़दूर काम करता है और जो एक मिनट

में 96,000 फंदे बुनता है, महज़ औज़ार है। इतना ही नहीं, यही करघा जब हाथ से चलाया जाएगा, तो औज़ार माना जाएगा, मगर यदि उसे भाप से चलाया गया तो वह मशीन हो जाएगा और चूँकि पशु-शक्ति का प्रयोग मनुष्य के सबसे पहले आविष्कारों में से है, इसलिए मशीनों के द्वारा होने वाला उत्पादन इस मत के अनुसार दस्तकारियों से होने वाले उत्पादन से भी पहले शुरू हो गया था। 1735 में जब जान बायट ने अपनी कातने की मशीन तैयार की थी और अठारहवीं शताब्दी की औद्योगिक क्रान्ति का श्रीगणेश किया था; तो उन्होंने आदमी के बजाय गधे के द्वारा इसके चलाये जाने के बारे में एक शब्द भी नहीं कहा था, मगर फिर भी यह काम गधे के ही जिम्मे पड़ा। बायट ने इसका वर्णन इस तरह किया था कि "यह बिना उँगलियों के कातने की मशीन है।"[1]

इसके आगे मार्क्स लिखते हैं :

"पूरी तरह विकसित सभी मशीनें तीन बुनियादी तौर पर भिन्न भागों की बनी होती हैं : मोटर यंत्र, प्रेषण यंत्र और अंत में औज़ार या कार्यकारी यंत्र, मोटर यंत्र वह होता है, जो पूरी मशीन को गति में लाता है। वह या तो खुद अपनी चालक-शक्ति पैदा करता है, जैसाकि भाप से चलने वाला इंजन, गरम हवा से चलने वाला ताप इंजन, विद्युत चुंबकीय मशीन आदि करते हैं, या उसे पहले से मौजूद किसी प्राकृतिक शक्ति से आवेग प्राप्त होता है, जैसे पनचक्की को ऊँचाई पर से नीचे गिरने वाले पानी से और पवनचक्की को हवा से इत्यादि।"[2]

जो अतिरिक्त मूल्य मज़दूरों के श्रम के शोषण से प्राप्त होता है, वही पूँजीपतियों के मुनाफ़े का स्रोत होता है और अनेकों मज़दूरों से शोषित यही अतिरिक्त मूल्य संचित हो पूँजीपतियों की पूँजी बन जाती है, जिसका निवेश कर पूँजीपति श्रम-शोषण के लिए उत्पादन का नया सिलसिला शुरू करता है। यहाँ यह बात स्पष्ट कर देना ज़रूरी है कि पूँजीपतियों का मुनाफ़ा उसकी पूरी पूँजी पर निर्भर करता है। इस पूँजी के दो भाग होते हैं—एक भाग तो वह जो श्रमिकों की मज़दूरी खरीदने में लगा है, जो परिवर्ती पूँजी कहा गया है और प्रतीक V से व्यक्त किया गया है। पूँजी का यही हिस्सा है जो अतिरिक्त मूल्य पैदा करता है जिसकी चर्चा ऊपर की गयी है। लेकिन उत्पादन-प्रक्रिया में मज़दूर हिस्सा ले सकें, इसके

1. 'पूँजी', प्रथम खंड, पृष्ठ 398 : मार्क्स का यह कथन उन मार्क्सवादियों के लिए ध्यान देने योग्य है, जो प्रायः पिछड़ापन को हल-बैल के युग में जाना कहते हैं। अगर गधे से औद्योगिक क्रांति की शुरुआत हो सकती है तो बैल से नई क्रांति की शुरुआत क्यों नहीं?
2. वही, पृष्ठ 399।

लिए यह ज़रूरी है कि उन्हें काम करने के आवश्यक औज़ार या मशीन मिलें और वह कच्चा माल, जिसके रूपांतरण से पण्य प्राप्त होता है, मसलन कपड़े के निर्माण के लिए कपास या रेशम। आधुनिक मशीनों पर काम करने के लिए गैर-मानव ऊर्जा का स्रोत यानी चालक-शक्ति भी ज़रूरी है, जैसाकि ऊपर मार्क्स के उद्धरण में बतलाया गया है—यानी भाप, गरम हवा, विद्युत-चुंबकीय मशीन आदि। मार्क्स के मुताबिक औज़ार, मशीन या कच्चे माल, जिनके रूपांतरण से पण्य बनते हैं, इन पर लगी पूँजी से कोई अतिरिक्त मूल्य नहीं पैदा करते, क्योंकि जैसा ऊपर बतलाया गया है अतिरिक्त मूल्य का एक मात्र स्रोत श्रम है जो अपने उत्पादन पर खर्च से अधिक मूल्य पैदा कर सकता है। लेकिन मशीन या कच्चा माल स्वयं पूर्ववर्ती उत्पादक-श्रम द्वारा पैदा किये गये हैं और इसलिए इनके उत्पादन पर ख़र्च किया गया श्रम इनके मूल्य में निहित है। लेकिन यह मूल्य ज्यों-का-त्यों नये उत्पाद में स्थानांतरित हो जाता है बिना कोई नया मूल्य जोड़े। कपास जैसा कच्चा माल एकबारगी अपना मूल्य उस कपड़े को दे देता है जो नई श्रम-प्रक्रिंया से तैयार होता है और मशीन उस काल अवधि में थोड़ा-थोड़ा करके जितने में वह घिसकर कबाड़ बन जाता है। मार्क्स ने परिवर्ती पूँजी यानी श्रम-शक्ति को v से और अपरिवर्ती पूँजी यानी पूँजी का वह भाग, जो मशीन या कच्चे माल पर ख़र्च होता है, को c से व्यक्त किया है और संपूर्ण पूँजी को बड़े (कैपिटल) C से व्यक्त किया है यानी $c + v = C$। मार्क्स ने पूँजी के तीसरे खंड में पूँजी के दोनों भागों का पूँजीपति के पूरे मुनाफ़े में क्या भूमिका है, इसका विस्तार से विश्लेषण किया है और यह भी बतलाने की कोशिश की है कि पूरी पूँजी में अपरिवर्ती पूँजी का अनुपात लगातार बढ़ता जाता है। उन्होंने वहाँ यह भी बतलाया है कि ऐसा क्यों होता है और पूरी पूँजी में परिवर्ती पूँजी के कम होते जाने से पूँजीपतियों के मुनाफ़े की दर में किस तरह का फर्क आता है, इसकी चर्चा थोड़ा आगे।

लेकिन यहाँ एक बात का ज़िक्र कर देना ज़रूरी लगता है। मार्क्स ने कच्चे माल में कपास जैसी वस्तुओं, जो स्वयं रूपांतरित होकर पण्य बन जाती हैं, और कोयंले जैसे कच्चे माल में, जो उत्पादन-प्रक्रिया में ऊर्जा प्रदान कर स्वयं अपना अस्तित्व खो देता है, भेद कर मूल्य-उत्पादन करने में उनकी भूमिका का विश्लेषण नहीं किया है—हालाँकि उसका उपयोग कैसे होता है, इसका संक्षिप्त विवरण ज़रूर दिया है, जैसे एक जगह वह लिखते हैं :

"…. इसी तरह कोयला खान से कोयला निकालने के उद्योग का उत्पादन भी

है और उसमें उत्पादन के साधन का भी काम करता है।"[1] फिर आगे एक जगह वह कोयले की तुलना मनुष्य को दिए जाने वाले भोजन से करते हैं। वह लिखते हैं—"वह भोजन के समय को लेकर हुज्जत करती है और जहाँ मुमकिन होता है, इस समय को भी उत्पादन की प्रक्रिया में शामिल कर लेता है, जिससे मज़दूर के काम के दौरान उत्पादन के किसी साधन की तरह ही भोजन दिया जाता है। जैसे बायलर को कोयला और मशीन को ग्रीज और तेल दिया जाता है।"[2] यहाँ बायलर के कोयला और मशीन के ग्रीज और तेल के बुनियादी फ़र्क़ को नज़रअंदाज़ किया गया है। लेकिन बायलर के कोयले की भूमिका या इसी तरह के दूसरे ऊर्जा-स्रोत, जैसे पेट्रोलियम या गैस की भूमिका को समझने की ज़रूरत है, जिससे पण्यों के विनिमय की कुछ खास स्थितियों को समझने में सहायता मिलेगी।

मार्क्स के मूल्य का श्रम-सिद्धांत कुछ सरल स्थितियों—जैसे पारंपरिक कृषि-उत्पादन के क्षेत्र में अकाट्य दिखाई देता है, क्योंकि उत्पादित मूल्य का सीधा संबंध किसी पण्य पर खर्च किए गए श्रम से देखा जा सकता है। लेकिन जहाँ उत्पादन भाप या बिजली या दूसरे ऊर्जा के साधनों पर आधारित जटिल मशीनों से होता है। यह संबंध इतना स्पष्ट नहीं दिखता। इसका विरोधाभास स्पष्ट रूप में तब दिखाई देता है जब हम एक ही तरह के पण्य, जैसे कपड़े की दो कीमतों यानी एक परंपरागत तकुए और करघे पर तैयार किए गए और दूसरा आधुनिक उद्योगों में तैयार किए गए कपड़े की मूल्यों की तुलना करते हैं। यहाँ हम पाते हैं कि आधुनिक मशीनों से दस मज़दूर उतना कपड़ा तैयार कर लेते हैं, जिसे तैयार करने में पारंपरिक उद्योगों में हजारों मज़दूरों को लगाया जाता था। इसमें कुछ उत्पादन-वृद्धि तो नयी मशीनों की बनावट पर निर्भर करती है, जिसकी संरचना ऐसी होती है कि श्रमिक के दो हाथ और दो पैर की जगह सहस्रबाहु की तरह अनेक मशीनी हाथ साथ मिलकर काम कर सकते हैं। लेकिन एक सीमा के बाद ऐसे मशीनी हाथों या दूसरे अंगों को मनुष्य के सीमित बल से परिचालित नहीं किया जा सकता। औद्योगिक क्रान्ति के शुरू के दिनों में नयी तरह की मशीनों को गधे या घोड़े से चलाने की कोशिश हुई और फिर अधिक बल की ज़रूरत होने पर पानी या हवा के वेग का प्रयोग हुआ, हालाँकि इससे विशेष स्थानों से बँधने की मजबूरी होती थी। भाप के इंजन के अस्तित्व में आ जाने के बाद स्थान से बँधे होने की बाध्यता समाप्त हो गयी और इस तरह मशीनों की आवश्यकता के

1. पूँजी, खंड 1, पृष्ठ 202।
2. वही, पृष्ठ 288।

हिसाब से शक्ति की मांत्रा मनमाने ढंग से बढ़ाई जा सकती थी। इस पर कोई सीमा तकनीकी कारणों से ही लग सकती थी। मार्क्स ने स्वयं 'पूँजी', प्रथम खंड में बहुत ही व्यवस्थित ढंग से और विस्तार से यह बतलाया है कि कैसे आधुनिक उद्योग उत्पादन के पारंपरिक सहयोग का कारख़ाने के भीतर या दूसरे तरह से आधुनिक औद्योगिक ढाँचे में कुछ परिवर्धित रूप में समावेश करता है। इस तरह वर्तमान कारख़ाने दरअसल हज़ारों श्रमिकों की ऊर्जा, उत्पादक-क्षमता या कुशलता का प्रतिनिधित्व करते हैं। यह बात अलग है कि वर्तमान कारख़ाने उस दर्जे का कौशल नहीं खोजते, जैसा हस्तकला उद्योगों में आवश्यक होता था। लेकिन यह भी इतना ही सच है कि वर्तमान उद्योग भी अगर ऊपरी स्तर के तकनीकी विशेषज्ञों और प्रबंधकों के विशिष्ट शास्त्रीय ज्ञान को छोड़ दें तो बाकी श्रमिकों से किसी जटिल कौशल की अपेक्षा नहीं करते। इस स्थिति में वर्तमान कारख़ानों में काम करने वाले मनुष्यों और इनमें उत्पादन करने वाले मशीनों के बीच कार्य-क्षमता के स्तर पर भेद करना मुश्किल है और जहाँ तक श्रमिकों की मूल मनुष्यता का सवाल है, उसे तो पूँजीवादी व्यवस्था नज़रअंदाज़ करके ही चलती है, क्योंकि इसका शुमार करने पर मुनाफ़े और प्रतिस्पर्धा का सारा गणित गड़बड़ हो जाता है। अब हम यह मानकर चल सकते हैं कि आधुनिक कारख़ाने हज़ारों मनुष्यों की उत्पादक-ऊर्जा का स्थान ले लेते हैं। अगर अंग्रेज़ी का शब्द इस्तेमाल करें तो Surrogate Labour बन जाते हैं, और इस तरह परोक्ष रूप से उनके द्वारा जो मूल्य उत्पादित हो सकता, उसे बिना आदमी को लगाये हुए ही उपलब्ध करा देते हैं। यहीं पर कोयला जैसे ऊर्जा-स्रोतों का महत्त्व सामने आ जाता है। यहीं पर मार्क्स का ऊपर उद्धृत वह कथन सार्थक बनता है—"जिससे मज़दूर को काम के दौरान उत्पादन के किसी साधन की तरह ही भोजन दिया जाता है, जैसे बायलर को कोयला और मशीन को ग्रीज और तेल दिया जाता है।" यह तो सीधा देखा जा सकता है कि आधुनिक कारख़ाने में कोयला से ऊर्जा वैसे ही उपलब्ध होती है, जैसे पारंपरिक उद्योगों में मनुष्यों के श्रम से। थोड़े फ़र्क़ से दोनों ही समान उत्पादक प्रक्रियाएँ हैं। सिर्फ शिल्पकारों का शिल्प इससे भिन्न कोटि में आता है। जहाँ मनुष्य की विशेष सर्जनात्मक क्षमता का उसके उत्पादन में समावेश होता है। इससे एक और नतीजा निकाला जा सकता है। कोयला या पेट्रोल मूल्य-वृद्धि इसीलिए कर सकते हैं, क्योंकि वर्तमान स्थिति में उनके उत्पादन पर जितनी ऊर्जा ख़र्च होती है, उससे सैकड़ों या हज़ारों गुना ऊर्जा उनसे प्राप्त हो रही है। जैसे-जैसे ये ऊर्जा के स्रोत विरल होते जाएंगे इनके उत्पादन पर लगी ऊर्जा की मात्रा इससे

प्राप्त ऊर्जा के बराबर हो जाएगी और तब उद्योगों में इनका उपयोग इतना ख़र्चीला हो जाएगा, कि उन चन्द उद्योगों को छोड़, जिनका रहना किसी भी कीमत पर अपरिहार्य है, इन ईंधनों का ख़र्च उद्योगों में बंद हो जाएगा। पिछले दिनों परिवहन और उद्योगों द्वारा पैदा वस्तुओं की बढ़ती क़ीमत का कुछ संबंध पेट्रोलियम जैसे ईंधनों के उत्पादन पर बढ़ रहे ख़र्च का परिणाम हो सकता है। तब शायद सिर्फ़ पवन, पानी एवं सूरज से प्राप्त ऊर्जा ही आधुनिक उद्योगों के आधार रह जाएँगे। परमाणु ऊर्जा इसके उत्पादन से जुड़े तमाम जोखिमों के बावजूद इसी कारण पूँजीपतियों द्वारा विकसित किए जा रहे हैं।

ऊपर पूरी पूँजी में परिवर्ती और स्थिर पूँजी यानी v और c का ज़िक्र किया गया है। इस ज़िक्र को हम यहाँ थोड़ा बढ़ाएँगे, क्योंकि पूँजीवादी व्यवस्था में तकनीक क्यों और कैसे बढ़ता है और उत्पादन की शक्तियों के विकास का नियामक तत्त्व क्या है, इसे समझने में इससे थोड़ी मदद मिलेगी। जैसाकि पहले बतलाया गया है, मशीनों के आने से श्रमिक अपने पूरे काम के समय में पहले की अपेक्षा छोटे हिस्से से ही वह मूल्य पैदा कर लेता है, जिससे उसके जीवन-यापन के लिए उसे मज़दूरी दी जाती है। इस तरह पूँजीपतियों के लिए उसके द्वारा उत्पादित पूरे मूल्य में बेशी मूल्य का अनुपात बढ़ जाता है। साथ ही वस्तुओं के उत्पादन की मात्रा पहले की अपेक्षा अधिक हो जाती है, जबकि मज़दूरी का खर्च ज्यों-का-त्यों रहता हैं। पूँजीवादी व्यवस्था में उत्पादन बाज़ार के लिए होता है, जिसमें अनेक पूँजीवादी उत्पादकों के बीच बाज़ार पर क़ब्ज़ा जमाने के लिए प्रतिस्पर्धा रहती है। इसमें वह पूँजीपति, जो कम ख़र्च में अधिक उत्पादन कर सकता है, बाज़ार से अपने प्रतिद्वंद्वी दूसरे पूँजीपतियों को बाहर करने में सफल हो जाता है। इसका असर यह होता है कि दूसरे पूँजीपति भी अपनी मशीनों में वैसे ही सुधार करने लगते हैं। इस तरह मशीनीकरण की प्रक्रिया उत्तरोत्तर तेज़ होती है। मार्क्स के मुताबिक पूँजीपति के मुनाफ़े की दर पूरी पूँजी से निर्धारित होती है, जिसे वह $c+v$ से व्यक्त करता है यानी स्थिर पूँजी जोड़ परिवर्ती पूँजी से। मार्क्स के शब्दों में :

"........ कुल पूँजी C स्थिर पूँजी c तथा परिवर्ती पूँजी v से संरचित है और बेशी मूल्य s उत्पन्न करती है। इस बेशी मूल्य का पेशगी परिवर्ती पूँजी से अनुपात, अथवा $\frac{s}{v}$ बेशी मूल्य कहलाता है और उसे s^1 नाम दिया गया है। अतः $\frac{s}{v} = s^1$, और फलतः $s = s^1 v$ । अगर यह बेशी मूल्य परिवर्ती पूँजी की बजाय

कुल पूँजी से संबद्धता का लाभ P है तो S का कुल पूँजी C से अनुपात अथवा $\frac{S}{C}$ लाभ-दर P^1 कहलाता है। तदनुसार $P^1 = \frac{S}{C} = \frac{S}{C+V}$

अब S की उसके समतुल्य S^1V से प्रतिस्थापन करने पर हम पाते हैं :

$P^1 P^1 : S^1 = V : C$;

लाभ-दर का बेशी मूल्य-दर से वही संबंध है, जो परिवर्ती पूँजी का कुल पूँजी से है।

इस अनुपात से यह परिणाम निकलता है कि लाभ-दर P^1, सदा बेशी मूल्य दर S^1 से छोटी होती है, क्योंकि परिवर्ती पूँजी V सदा V + c अर्थात् परिवर्ती पूँजी जमा स्थिर पूँजी के योगफल, C से छोटी होती है, उस एकमात्र व्यवहारतः असंभव प्रसंग को छोड़कर जिसमें V = c अर्थात् कोई स्थिर पूँजी नहीं है। कोई उत्पादन साधन नहीं है, लेकिन सिर्फ़ मज़दूरी ही पूँजीपति द्वारा पेशगी दी जाती है।"[1]

हालाँकि बेशी मूल्य परिवर्ती पूँजी से ही प्राप्त होता है और पूरी पूँजी में परिवर्ती पूँजी के अनुपात के घटने से लाभ-दर घट सकता है, लेकिन मशीनीकरण से उत्पादकता अगर बहुत बढ़ गयी तो मज़दूरों की मजदूरी उसके कुल काम के एक अत्यंत छोटे भाग के उत्पाद से दिया जा सकता है और इस तरह लाभ की दर को बढ़ाया भी जा सकता है। दरअसल प्रतिस्पर्धा के कारण पूँजीपति अपनी मशीनों के परिष्कार में सदा लगा रहता है। यही कारण है कि मानव-सभ्यता के हज़ारों साल में जितना तकनीकी विकास हुआ है, उससे कहीं अधिक विकास पूँजीवादी व्यवस्था के आगमन के दो सौ वर्षों में हो गया है। इससे यह भी निष्कर्ष निकलता है कि जो तकनीकी विकास हो रहा है, विकास की किसी स्वतः-स्फूर्त प्रक्रिया या प्रेरणा का परिणाम नहीं, बल्कि पूँजीपतियों की मुनाफ़े की लिप्सा का परिणाम है और इसलिए मानव-समाज के कल्याण की संभावना इसमें निहित नहीं। इससे ऐतिहासिक भौतिकवाद में निहित यह विचार मानने का कोई कारण नहीं कि उत्पादन के साधनों का विकास एक स्वायत्त प्रक्रिया है, जो उत्पादन-संबंध और समाज का आधारभूत ढाँचा तैयार करता है। इससे कम्युनिस्ट मैनिफेस्टो में व्यक्त यह आशा कि पूँजीवादी व्यवस्था द्वारा तैयार किया गया उत्पादन का आधार स्वाभाविक तौर से समाजवादी समाज के लिए उपयोगी होगा, सही नहीं लगता। चूँकि आधुनिक औद्योगिक व्यवस्था की संरचना में सब कुछ पूँजीपतियों

---

1. पूँजी, खण्ड-3, पृष्ठ 52।

और इसके प्रबंधकों के मुनाफ़े और सुविधाओं को ध्यान में रखकर बनाये गये हैं। पहला विचार यही आता है कि यह संरचना एक ऐसी व्यवस्था के लिए अनुकूल नहीं होगी, जो मनुष्यों की सहकारिता और पारस्परिकता के भाव पर आधारित होगी।

ऊपर का संक्षिप्त विषयांतर इस प्रश्न का उत्तर ढूँढ़ने के लिए किया गया है कि क्यों मूल्य का श्रम-सिद्धांत, जो एडम स्मिथ और रिकार्डो से लेकर मार्क्स तक को स्वाभाविक लगता था, वर्तमान मशीनीकरण के युग में पारंपरिक और आधुनिक तकनीक से पैदा की गयी वस्तुओं की कीमतों का कोई एक आधार निर्धारित करने में अक्षम साबित होता है और बाजार की तात्कालिक स्थितियों (जो मार्जिनलिस्ट सिद्धांत का आधार है) के सहारे ही अर्थशास्त्री इसके पीछे कोई तार्किकता ढूँढ़ते हैं।

मार्क्स ने मशीनीकरण के प्रभाव से मुनाफ़े की दर में गिरावट के जिस रुझान का ज़िक्र किया था, वह पूँजीवाद में मशीनीकरण के आत्यंतिक विकास के काल में एक ऐसी स्थिति पैदा कर रहा है, जहाँ उत्पादन के अत्यधिक कौशल की माँग करने वाले क्षेत्रों में बड़ा मशीनीकृत उत्पादन घाटे का धंधा बन जाता है। यहाँ पर न्यूनतम मशीन के सहारे—जैसे सिलाई की मशीन—छोटे पैमाने पर मानव कौशल से चलने वाली उत्पादन प्रक्रिया से ही अधिक मुनाफ़ा अर्जित किया जा सकता है। इससे मार्क्स या उसके पहले के एडम स्मिथ, सिसमंडी और रिकार्डो जैसे अर्थशास्त्रियों के विचार कि अंततः मानव-श्रम ही विनिमय-मूल्य का निर्धारक है, सच्चाई के अधिक करीब लगता है। यह मशीन के बरक्स मानव-श्रम की विलक्षणता और श्रेष्ठता को भी सिद्ध करता है। यह बात विविध डिजाइन और छापे वाले वस्त्रों, बुनाई से निर्मित अनेक सामान, विविधतापूर्ण सजावट वाले बर्तनों, चमड़े की थैलियों, जूते तथा आभूषणों के निर्माण के क्षेत्रों में साफ़ दिखाई देती है। ये क्षेत्र ऐसे हैं, जहाँ उपयोग की वस्तुएँ रुचिकर और उपयोग करने वाले व्यक्तियों के निजी पसंद के अनुरूप होती हैं। स्वचालन और कम्प्यूटरीकरण के सहारे कुछ निर्धारित डिजाइन की वस्तुओं का विशाल पैमाने पर उत्पादन तो हो सकता है, लेकिन ऐसी वस्तुओं का निर्माण, जिसमें पल-पल बदलती रुचि के अनुसार काँट-छाँटकर या अदल-बदलकर डिजाइन तैयार किये जा सकें, संभव नहीं होता। अंततः कम्प्यूटर उन्हीं सूचनाओं के आधार पर काम कर सकता है, जिन्हें अपने संवेदन और चयन के आधार पर आदमी इसमें डालता है। कंप्यूटरों अथवा रॉबोटों की कोई स्वतंत्र संवेदनशीलता नहीं होती और थोड़े-थोड़े समय पर बदलने वाले मानवीय पसंद के हिसाब से इन मशीनों में या सॉफ़्टवेयर में बदलाव इतना

ख़र्चीला होता है और बेकार हो रही मशीनों का कचड़ा इतना विशाल कि यह अत्यधिक घाटे का धंधा होता है। यही कारण है कि आज सबसे विकसित औद्योगिक देश सिले वस्त्रों या निजी इस्तेमाल में आने वाली दूसरी अनेक वस्तुओं के क्षेत्र में उन देशों से आयात पर निर्भर हैं, जहाँ इनका उत्पादन मानव-श्रम से कराया जाता है। माइक्रोचिप्स का निर्माण तो बड़े पैमाने पर औद्योगिक देश करते हैं। लेकिन इन्हें जोड़कर छोटे टीवी या रेडियो सेट बनाने में मानव-श्रम की बहुलता वाली पिछड़ी अर्थव्यवस्था वाले देश कम क़ीमत वाले सामान तैयार कर लेते हैं।

अपनी पुस्तक 'ग्लोबलाइजिंग पावर्टी' में माइकल चौस्सुडौस्की अंतरराष्ट्रीय वस्त्र उद्योग के संबंध में कुछ दिलचस्प तथ्य प्रस्तुत करते हैं, जिससे ऊपर की बातों की पुष्टि होती है। वह लिखते हैं :

"उदाहरण के लिए अंतरराष्ट्रीय वस्त्र-व्यापार में कोई अंतरराष्ट्रीय वस्त्र डिजाइनर पेरिस के डिजाइन का शर्ट 3 या 4 अमेरिकी डॉलर में बांग्लादेश, वियतनाम या थाईलैंड में ख़रीदेगा। यह उत्पाद यूरोप के बाजार में इसके पाँच या दस गुना मूल्य पर बेचा जाएगा : आयात करने वाले देश की राष्ट्रीय आय इसी हिसाब से बढ़ जाएगी, बिना कोई उत्पाद किये।"[1]

वह आगे लिखते हैं :

"फैक्ट्रियों के स्तर पर बांग्लादेश में एकत्र किये गये आँकड़ों से हम वस्त्र-उद्योग के ख़र्च के ब्यौरे और आय के बँटवारे का आकलन कर सकते हैं : कारख़ाने के स्तर पर एक दर्जन शर्ट की कीमत $36 से $40। सभी यंत्र और कच्चे माल आयात किये जाते हैं, शर्ट को खुदरा में लगभग $22 प्रति अदद या 266 प्रति दर्जन के हिसाब से अमेरिका में बेचा जाता है। बांग्लादेश में महिला और शिशु श्रमिकों को $20 महीना दिया जाता है, जो उत्तरी अमेरिका के वस्त्र-उद्योग में काम करने वाले श्रमिकों के पचासवें भाग के बराबर है।"[2]

यह काम दूसरे देशों के मजदूरों से कराया जाता है, इसका सीधा अर्थ है कि इन्हें पूरी तरह मशीनों से नहीं कराया जा सकता या पसंद के हिसाब से मशीनों में आवश्यक बदलाव अत्यधिक खर्चीला सिद्ध होगा, जो व्यापार के लिए उत्पादन के उपयुक्त नहीं होगा।

जो स्थिति वस्त्र-उद्योग की है, वह हस्त-शिल्प पर आधारित दूसरे उत्पादों की भी होगी। जो सुविधा बड़े आधुनिक उद्योगों की है, वह वहाँ है, जहाँ उत्पादन का

---

1. Michel Chossudovsky, *The Globalisation of Poverty*, New Delhi, pp. 87-8.
2. वही, पृष्ठ 88।

चरित्र सपाट है, जहाँ बड़े पैमाने पर एकरसता वाले सामानों का उत्पादन होता है और उत्पादन का एक साँचा तैयार कर दिये जाने पर उत्पादन की मात्रा सीधे उत्पादन में लगी ऊर्जा से निर्धारित होती है। वहाँ फैक्ट्रियों के सपाट उत्पादन का मुक़ाबला अति अल्प कौशल वाले मानव-श्रम से उत्पादित वस्तुओं से होता है। यहाँ मानव-ऊर्जा और फैक्ट्रियों में लगी ऊर्जा तुलनीय हो जाती है। कोयला, तेल आदि गैर मानवीय ऊर्जा-स्रोतों के सस्ती और विशाल मात्रा में उपयोग में आने वाली ऊर्जा से निर्मित वस्तुएँ यहाँ सस्ती हो जाती हैं। अब कल्पना कीजिए कि ईंधन या ऊर्जा के ग़ैर-मानवीय स्रोत विरल हो अत्यधिक महँगे हो जाएँ तो मानव या पशु-ऊर्जा से होने वाले उद्यमों के मुकाबले मशीनों से कराये गये उद्यम अधिक महँगे होते जाएँगे। हाल के दिनों में पेट्रोलियम की कीमतों की बाढ़ से भारत में खेत की जुताई में ट्रैक्टर की खेती पारंपरिक हल-बैल की खेती से ज़्यादा महँगी होती जा रही है। इस बात को ध्यान में रखने से हम यह समझ सकते हैं कि औद्योगिकरण के प्रारंभिक दौर में फैक्ट्रियों के अति सस्ते उत्पाद क्यों हस्त-उद्योग से आगे निकल गये। बाकी क्षेत्रों में जिनकी ऊपर चर्चा है, हस्त-शिल्प अपनी श्रेष्ठता इसलिए बनाये रहते हैं, क्योंकि इनके पीछे का कौशल मानवीय संवेदन से निर्धारित होता है और इसलिए 'मॉस प्राडक्शन' (भारी मात्रा में एक ही तरह के उत्पादन) के उत्पाद कभी इसके मुक़ाबले खड़े नहीं हो सकते। हस्त कौशल से उत्पादित वस्तुओं का अपना अलग व्यक्तित्व होता है, जो इन्हें उपयोगी के अलावा एक कला-कर्म में परिणत कर देता है।

यहाँ अप्रत्याशित रूप से पूँजी, तृतीय खंड में मार्क्स द्वारा प्रतिपादित उस विचार की भी पुष्टि होती है जिसमें उन्होंने यह कहा है कि पूरी पूँजी में मशीनों पर लगी पूँजी का अनुपात उत्तरोत्तर बढ़ने से मुनाफ़े की दर जो श्रम पर ख़र्च होने वाली पूँजी पर निर्भर करती है, गिरती जाएगी। सिले वस्त्रों या विशिष्ट शिल्प पर आधारित हस्तकरघों से उत्पादित वस्त्रों में मशीनीकरण से परहेज़ संभवतः मुनाफ़े की दर के इस ह्रास को दर्शाता है। विकासशील देशों में जहाँ इस तरह के लघु उद्योग हैं, उत्पादकों को मुनाफ़ा तो होता ही है और मुनाफ़े की यह मात्रा इतनी अधिक हो सकती है, जैसाकि ऊपर के उदाहरण में दिखलाया गया है, विकसित देश के व्यापारी इसकी कमाई से अपनी राष्ट्रीय आय में इज़ाफ़ा करते रहते हैं। इस विषयांतर के बाद हम मूल विषय यानी पूँजीवादी व्यवस्था की स्वायत्त विकास की संभावना और इस विकास के परिणामों पर फिर लौटेंगे।

तीसरा अध्याय

विस्तारित पूँजी-संचय का संकट

पहले अध्यायों में हमने मार्क्स द्वारा प्रस्तुत पूँजी के स्वरूप और मूल्य के नियामक तत्त्वों पर संक्षिप्त में विचार किया। इसमें इसके विकास की प्रथम आवश्यकता पूँजी-संचय या मार्क्स द्वारा वर्णित 'आदिम पूँजी-संचय' की स्थितियों पर भी विचार किया। इससे कोई समस्या सामने नहीं आती। यह विकास ज़ोर-ज़बर्दस्ती छीना-झपटी की इतनी सरल प्रक्रिया पर आधारित है कि इसकी सफलता के संबंध में किसी तरह की शंका पैदा नहीं होती। इसे हम मात्र मानव-स्वभाव में निहित लिप्सा, क्रूरता एवं हिंसा की प्रवृत्तियों के निचोड़ के रूप में देख सकते हैं, जो पूँजीवादी विकास की अनिवार्य शर्त है। यह समझना आसान है कि अनेक लोगों की संपत्ति को ज़बर्दस्ती छीनकर और लोगों को मज़दूर बनाने को मजबूर कर पूँजीवादी उत्पादन-प्रक्रिया कैसे अस्तित्व में आती है। देखने को यही रह जाता है कि यह उत्पादन का ढाँचा इस बात में सक्षम है कि नहीं कि अपनी स्वायत्त उत्पादन-प्रक्रिया और उत्पादन के स्तर को उस चरम बिंदु पर पहुँचा दे, जहाँ उत्पादन की इस अवस्था और इससे प्रकट उत्पादन-संबंध में वैसा अंतर्विरोध पैदा होता है, जिससे क्रांति और समाजवादी संक्रमण का दौर शुरू होता है—यानी क्रांतिकारी संक्रमण की वह स्थिति, जिसका विवरण कम्युनिस्ट घोषणा-पत्र में है। इसका आकलन तभी संभव होगा, जब हम स्थापित पूँजीवादी व्यवस्था में पूँजी के पुनर्उत्पादन की स्थितियों और संभावनाओं पर विचार करेंगे। रोजा लक्जमबर्ग ने मार्क्स के मॉडल के तहत पूँजी के पुनर्उत्पादन और इसकी सामाजिक पृष्ठभूमि का अध्ययन इसी दृष्टि से शुरू किया।

किसी भी महत्त्वपूर्ण विचार का प्रस्थान बिन्दु शून्य नहीं होता। नये विचारों की प्रेरणा या उत्तेजना किसी वस्तुस्थिति या इससे उपजे पहले के विचार होते हैं। रोजा लक्जमबर्ग के सामने इस उत्तेजना का स्रोत था उनके पूर्ववर्ती या समकालीन अर्थशास्त्रियों में यह विवाद कि पूँजीवाद का स्वायत्त विकास बिना बाहरी स्थितियों

से समर्थन पाये किसी जगह हो सकता है क्या? ख़ासकर यह विवाद रूस के संदर्भ में चल रहा था, जहाँ कुछ अर्थशास्त्री इसकी संभावना के प्रति आश्वस्त थे, तो कुछ यह सोचते थे कि रूस में आर्थिक विकास की दिशा कुछ भिन्न होगी—यानी कुछ हिस्सों में अब भी प्रचलित कम्युन (पारंपरिक ढंग से सामूहिक स्वामित्व के तहत खेती-बाड़ी की व्यवस्था) के आधार पर रूस का विकास कुछ अलग तरह से होगा। रूस में पूँजीवाद के संबंध में यह विवाद मार्क्स के जीवन-काल में ही शुरू हो गया था। रूस के कम्युन व्यवस्था का समाजवादी व्यवस्था में संक्रमण की संभावना के इर्द-गिर्द प्रभावशाली 'पॉपुलिस्ट' विचारधारा रूस में विकसित हुई थी। इस विचार को प्रतिपादित करने वाली एक नेता वेरा सासुलिच ने इस सवाल पर कार्ल मार्क्स की राय इस पृष्ठभूमि में माँगी थी कि रूस में मार्क्स के विचारों को मानने वाले लोग समाजवाद के लिए रूस के किसानों में प्रचलित कम्युन व्यवस्था का नाश और पूँजीवादी कृषि का विकास अनिवार्य मानते थे। अपनी मृत्यु के लगभग दो साल पहले 1881 के फ़रवरी महीने में मार्क्स ने सासुलिच को यह लिखा था कि उनके विचार में एक बेहतर समाज व्यवस्था के विकास के लिए सामुदायिक कृषि का नाश ज़रूरी नहीं है और एक ऊँची व्यवस्था में संक्रमण, बिना सामूहिक खेती को नष्ट किये संभव हो, तो यह अच्छी बात होगी। लेकिन उसने इस बात की ओर भी ध्यान दिलाया कि रूस की सरकार किसानों पर तरह-तरह का आर्थिक बोझ डाल इन कम्युन (सामुदायिक कृषि व्यवस्था) के अस्तित्व को मुश्किल में डाल रही है और जो थोड़े से पूँजीवादी उद्योग-धंधे विकसित हुए हैं, उनके हित में भी यह बात है कि सामुदायिक खेती की जगह निजी स्वामित्व पर आधारित काश्तकार कृषि के क्षेत्र में विकसित हों। मार्क्स के अनुसार इससे पैदा ग़ैर-बराबरी से धीरे-धीरे स्वतंत्र किसानों का एक हिस्सा भूमिहीन मज़दूर बन पूँजीवादी उद्योगों के लिए श्रमिक मुहैया कराएँगे। इस तरह पश्चिमी यूरोप में किसानों को जिस तरह ज़बर्दस्ती खेतों से खदेड़ कारखानों में काम करने के लिए मजबूर किया गया, वैसा नहीं कर आर्थिक प्रक्रिया से ही किसान श्रमिक बन उद्योगों में काम ढूँढ़ने को मजबूर होंगे।

रूस में पॉपुलिस्ट अर्थशास्त्रियों में कई लोग थे, जो मार्क्स और पश्चिमी यूरोप के दूसरे अर्थशास्त्रियों, यथा एडम स्मिथ, रिकार्डो और सिस्मंडी आदि के विचारों से अवगत थे और इन सबका प्रस्थान बिंदु मूल्य का श्रम-सिद्धांत था। इनके विचारों पर सिस्मंडी के विचारों की भी गहरी छाप थी, जिसने उन्नीसवीं शताब्दी के प्रथम चतुर्थ की आर्थिक मंदी—1815 एवं 1818-19 को वस्तुओं की माँग की

सिकुड़न से जोड़ा था। उन्होंने श्रम-सिद्धांत के आधार पर यह स्थापित किया था कि मज़दूरों को चूँकि उनके द्वारा किया गया पूरा मूल्य मज़दूरी में नहीं मिलता, उत्पादित वस्तुओं में निहित बेशी मूल्य का कोई ख़रीदार नहीं होता है और आर्थिक मंदी का यही मूल कारण है। रूस के पॉपुलिस्ट विचारकों में कुछ का यह भी मानना था कि बेशी मूल्य को व्यक्त करने वाली वस्तुओं को निर्यात के द्वारा दूसरे देशों में बेचकर इस संकट से छुटकारा पाया जा सकता है। लेकिन वे यह भी मानते थे कि चूँकि रूस पूँजीवादी विकास की दौड़ में देरी से आया है, विदेशी व्यापार की प्रतिस्पर्धा में इसके लिए टिक पाना संभव नहीं और इसलिए पूँजीवाद का विकास रूस में एक सीमा के बाद नहीं हो सकता। इस तरह ये इस नतीजे पर पहुँचे थे कि रूस में समतावादी समाज की स्थापना के लिए क्रांतिकारियों को पारंपरिक कम्युन (सामुदायिक कृषि) के साथ ग़ैर-पूँजीवादी स्थानीय उद्योगों को जोड़कर ही समाज के विकास की बात सोचना चाहिए।

इन पॉपुलिस्ट विचारकों में निकोलोयान मार्क्स के विचारों से पूरी तरह परिचित थे और वह मूल्य के श्रम-सिद्धांत के आधार पर ही रूस की स्थिति में पॉपुलिस्ट विचारधारा की प्रासंगिकता को सिद्ध करने की कोशिश करते हैं। रोजा लक्जमबर्ग ने उनके विचारों को व्यवस्थित ढंग से अपनी पुस्तक 'एक्युमुलेशन ऑफ कैपिटल' में प्रस्तुत किया है। उसे यहाँ ज्यों-का-त्यों प्रस्तुत करने से पॉपुलिस्ट विचार के सार से परिचय हो जाएगा। रोजा लक्जमबर्ग ने इसे यों प्रस्तुत किया है :

"चूँकि पूँजीवादी व्यवस्था के लिए बाज़ार की निर्णायक भूमिका होती है, इसलिए सभी पूँजीवादी देश जितना संभव हो, उतने बड़े बाज़ार की उपलब्धि की कोशिश करते हैं। प्रथम तो वह अपने देश के बाज़ार पर भरोसा करते हैं। लेकिन विकास के खास स्तर के बाद घरेलू बाज़ार पूँजीवादी देश के लिए पर्याप्त नहीं होता, जिसके कारण ये हैं : सामाजिक श्रम साल भर में जो भी नया उत्पाद करता है, उसे दो भागों में बाँटा जा सकता है—मज़दूरी के रूप में लिया गया मज़दूरों का हिस्सा और वह, जो पूँजीपतियों द्वारा अधिग्रहीत कर लिया जाता है। पहले भाग द्वारा संचालन से जीवन-निर्वाह के लिए उतनी ही वस्तु निकाली जा सकती है, जितने का मूल्य श्रमिकों को दी गयी मज़दूरी के बराबर हो। लेकिन पूँजीवादी व्यवस्था निश्चित रूप से इस हिस्से को लगातार घटाती रहती है। इसके उपाय हैं —कार्यकाल को बढ़ाना, श्रम की तीव्रता (Intensity) को बढ़ाना, प्रौद्योगिक सुधारों से जिसके तहत पुरुष श्रमिकों की जगह औरतों और किशोरों को लगाया जाता है और इस तरह वयस्क श्रम को बिल्कुल ख़त्म कर दिया जाता है और

उत्पादन की मात्रा बढ़ जाती है। हालाँकि अभी भी कार्यरत बच्चे श्रमिकों की मज़दूरी बढ़ जाती है। इन परिवर्तनों से पूँजीपतियों की हुई बचत के मुक़ाबले वह आय कम ही होती है। इन सबका मिला-जुला असर यह होता है कि ख़रीदार के रूप में मजदूर वर्ग की भूमिका घरेलू बाज़ार में लगातार कम होती जाती है। इसके साथ-साथ एक और भी परिवर्तन होता है : पूँजीवादी उत्पादन उन धंधों को भी हस्तगत करने लगता है, जिससे पहले कृषकों को रोज़गार मिलता था, इस तरह क्रमशः वह किसानों के संसाधनों को उनसे छीनता जाता है। इस तरह ग्रामीण लोग उत्तरोत्तर औद्योगिक उत्पादों को ख़रीदने की क्षमता खोते जाते हैं। यह एक अतिरिक्त कारण है घरेलू बाज़ार के सिकुड़ने का। जहाँ तक पूँजीपति वर्ग का सवाल है, हम पाते हैं कि यह भी संपूर्ण नये उत्पाद को नहीं प्राप्त करता है, हालाँकि इसका कारण उल्टा है। इसकी ज़रूरतें चाहे जितनी अधिक हों, पूँजीपति व्यक्तिगत रूप से संपूर्ण बेशी उत्पाद का उपभोग नहीं कर सकता। पहला कारण तो यह है कि इसके एक हिस्से की ज़रूरत उत्पादन के प्रसार के लिए होती है, तकनीकी सुधार के लिए, जो एक प्रतिस्पर्धा आधारित समाज में उद्यमी के अस्तित्व के लिए ज़रूरी है। दूसरा, क्योंकि एक फैलते हुए पूँजी-उत्पादन के लिए उत्पादन की उन शाखाओं में फैलाव ज़रूरी होता है, जो उत्पादन के साधन का निर्माण करते हैं (जैसे : खनन उद्योग, मशीन उद्योग आदि), जिनके उपयोग का स्वरूप शुरु से ही ऐसा होता है कि उनका वैयक्तिक उपयोग नहीं हो पाये और इसलिए उसका इस्तेमाल पूँजी के रूप में ही हो सकता है। तीसरा और अंतिम कारण यह है कि श्रम की बढ़ी हुई उत्पादकता और बड़े पैमाने के उत्पादन से सुलभ बचत और विशाल पैमाने पर सस्ती उपभोग की सामग्री के उत्पादन से वैसे पण्यों का भारी मात्रा में उत्पादन होता है, जिन सबका उपभोग मुट्ठी भर पूँजीपति नहीं कर सकते।"[1]

निकोलोयान के शब्दों में, "इस तरह हम पाते हैं कि किसी पूँजीवादी राष्ट्र का संपूर्ण उत्पाद पूरी औद्योगिक आबादी की ज़रूरतों से अत्यधिक ज़्यादा होता है, ठीक वैसे ही, जैसे प्रत्येक कारख़ाना अपने श्रमिकों और उद्यमी की ज़रूरतों से कहीं अधिक पैदा करता है और ऐसा इसीलिए होता है, क्योंकि राष्ट्र एक पूँजीवादी राष्ट्र है और समाज के संसाधनों के वितरण का उद्देश्य आबादी की ज़रूरतों को

1. रोजा लक्जमबर्ग, एक्युमुलेशन ऑफ़ कैपिटल, अंग्रेज़ी अनुवाद, रूटलेज एंड केगन पाल लि., लंदन, 1951, पृष्ठ 284 से अनुवाद।

पूरा करना नहीं होता, बल्कि बाज़ार की माँग (Effective Demand) को पूरा करना होता है। ठीक वैसे ही जैसे कोई कारख़ानेदार एक दिन भी पूँजीपति के रूप में अस्तित्व में नहीं रह सकता, अगर उसका बाज़ार उसके श्रमिकों और उसकी ज़रूरतों तक सीमित रहे, इसी तरह एक विकसित पूँजीवादी राष्ट्र का घरेलू बाज़ार भी इसके लिए अपर्याप्त होगा।

इन सबका परिणाम है, पूँजीवाद के अपने विकास से ही बढ़ती गरीबी एवं बड़ी संख्या में मजदूरों का बेरोज़गार होना, जिनमें कोई क्रय-शक्ति नहीं होती। श्रम की बढ़ती उत्पादकता, जिससे बाज़ार की सभी आवश्यकताओं की पूर्ति हो सकती है, का सामना होता है विशाल संख्या में ऐसे लोगों से, जो अपनी बुनियादी ज़रूरतों की भी पूर्ति नहीं कर सकते। एक तरफ़ वस्तुओं का अंबार, जिन्हें बेचा नहीं जा सकता और दूसरी ओर बड़ी संख्या में वैसे लोग, जो जीवन के लिए आवश्यक वस्तु भी नहीं प्राप्त कर सकते।"[1]

और अंत में वह लिखते हैं :

"... सदियों से आ रही परंपरा को जीवित रखने की बजाय, जिसमें उत्पादन करने वाले और उत्पादन के साधन का गहरा संबंध था पश्चिमी यूरोप के विज्ञान की उपलब्धियों को उत्पादन के उस संबंध में लगाने का, जिसमें किसानों का अपने उत्पादन के साधन पर स्वामित्व था ... हमने उल्टी दिशा अख़्तियार की है। हम लोगों ने पूँजीवादी ढाँचे की उत्पादन-प्रणाली को बढ़ने दिया है, जबकि इसका आधार किसानों का सफ़ाया है। हमने अपनी पूरी शक्ति लगायी है पारंपरिक जीवन-पद्धति को नष्ट करने की, जिसका नतीजा 1891 का अकाल है।"[2]

दरअसल निकोलोयान का यह अध्ययन 'हमारी अर्थव्यवस्था की रूपरेखा' 1891 के अकाल के अध्ययन के संदर्भ में लिखा गया था। फ्रेडरिक एंगेल्स ने, जो अभी जिंदा थे, निकोलोयान को अपने पत्र में यह बतलाने की कोशिश की थी कि रूस के पुराने ढंग के उद्योगों से रूस का काम नहीं चल सकता आदि। इस आलोचना के पीछे मार्क्स-एंगेल्स की यह मान्यता थी कि उद्योगों का ज़्यादा-से-ज़्यादा विकास अपरिहार्य है, जैसा पश्चिमी यूरोप में पूँजीवादी व्यवस्था के तहत हो रहा था। इस बिन्दु पर रोजा लक्जमबर्ग भी निकोलोयान से असहमत थीं, क्योंकि उनके लिए भी उद्योगों का अत्यधिक विकास मानव-विकास का पर्याय था। यह

1. वही, रोजा लक्जमबर्ग द्वारा उद्धृत, पृष्ठ 285।
2. वही, पृष्ठ 287।

आम मार्क्सवादी मान्यता थी। हालाँकि अब उभरते पर्यावरण के संकट के संदर्भ में उद्योगों के अंतहीन विस्तार की बजाय जीवन और प्रकृति के साथ संतुलित विकास की बात को आसानी से ख़ारिज करना मुश्किल है। इसलिए निकोलोयान की आलोचना दुनिया के ग़ैर-औद्योगिक देशों के लिए, जो पूँजीवादी ढंग के विकास के पीछे दौड़ रहे हैं, नये तरह से प्रासंगिक बनती जा रही है।

इसके विपरीत, रूस के मार्क्सवादियों ने, जिनमें तुगान बैरोनावस्की प्रमुख थे, मार्क्स के पूँजी के विस्तारित संचय के समीकरण के आधार पर यह संभावना बतलायी कि अगर मार्क्स के विस्तारित पूँजी-संचय के मॉडल में स्थायी पूँजी वाले हिस्से में लगातार उपयुक्त बढ़ोत्तरी होती रहे तो पूँजी-संचय की प्रक्रिया निरंतर जारी रह सकती है। रोजा लक्जमबर्ग जिन्हें पूँजीवाद के विकास में क्रांतिकारी संभावनाओं की तलाश थी, तुगान बैरोनावस्की की यह स्थापना त्रुटिपूर्ण लगती थी। लेकिन इससे आगे बढ़ रोजा लक्जमबर्ग को लगता था कि मार्क्स ने विस्तारित पूँजी-संचय का जो मॉडल प्रस्तुत किया है वह स्वयं एक सीमा के बाद टूटता दिखाई देता है। इसके साथ-साथ रोजा लक्जमबर्ग को यह भी लगता था कि मार्क्स ने स्वयं पूँजी के तीसरे खंड में पूँजीवाद के जिस बुनियादी चरित्र का विवरण दिया है, उससे भी इस अबाध विस्तार का मेल नहीं खाता। आगे हम मार्क्स द्वारा प्रस्तावित मॉडल को प्रस्तुत करेंगे, जो पूँजी के दूसरे खंड में दिया गया है और जिसको केंद्र में रखकर रोजा लक्जमबर्ग अपना विश्लेषण प्रस्तुत करती हैं।

मार्क्स के अनुसार पूँजीवादी अर्थव्यवस्था उत्पादन के दो क्षेत्रों के आपसी विनिमय पर आधारित होती है। इसमें एक स्थायी पूँजी के निर्माण की होती है, जिसमें उत्पादन के साधन (मशीन आदि) एवं पहले से उत्पादित कच्चे माल और कारख़ाने के लिए ज़रूरी घर आदि आते हैं, और दूसरा क्षेत्र मज़दूरों की ज़रूरत की वस्तुओं के निर्माण का होता है, जिसका उत्पादन परिवर्ती पूँजी के रूप में मज़दूरों को दी गयी मज़दूरी से ख़रीदा जाता है और जो उनके जीवन का आधार बनता है। मार्क्स के अनुसार पूँजीवादी उत्पादन के ये दोनों क्षेत्र एक-दूसरे की आवश्यकताओं को पूरा करने के क्रम में इसकी समग्रता में पूँजीवादी व्यवस्था को कायम रखते हैं। अगर पूँजी-संचय का विस्तार नहीं होता तो साल-दर-साल ये दोनों क्षेत्र एक-दूसरे की ज़रूरतों को पूरा करते हुए साल के अंत में अपने प्रस्थान बिंदु की स्थिति में पहुँच जाते हैं। वैसे दरअसल पूँजीवादी उत्पादन का यह आवर्तन काल्पनिक ही होता है। वास्तविक दुनिया में बार-बार कभी मंदी का ऐसा दौर आता है, जिसमें दोनों क्षेत्रों में उत्पादकता घटती है या दोनों का संतुलन बिगड़

जाता है, तो कभी उत्पादकता में उछाल आने से एक या दोनों क्षेत्रों में उत्पादन और मुनाफ़ा अचानक औसत से अधिक होने लगता है। इससे भी बढ़कर पूँजीवादी उत्पादन का सदा विस्तार होता रहता है। लेकिन मूल बात यह है कि पूँजीवादी व्यवस्था का रुझान सदा अपने उत्पादन और विनिमय के आधार को फैलाते रहने का होता है। इसी से दो सौ साल में उत्पादन और उपभोग की विविधता से संसार का पूरा स्वरूप ही बदल गया है। रोजा लक्जमबर्ग ने मार्क्स के पूँजी-संचय के प्रसार के मॉडल पर विचार कर यह शंका जतायी कि इस मॉडल में एक ऐसा अंतर्विरोध है जिसके कारण यह मॉडल अनिवार्य रूप से टूट जाएगा, अगर इसको सहारा देने के लिए कोई बाहरी क्षेत्र न आ जाए। यहाँ यह बात ध्यान में रखने की है कि मार्क्स के अनुसार पूँजीवादी समाज में आय के दो ही स्रोत होते हैं : 1. पूँजीपतियों का मुनाफ़ा और 2. मज़दूरों को दी गयी मज़दूरी, पूँजी, प्रथम खंड, अध्याय 24, पृष्ठ 613 की पाद टिप्पणी में मार्क्स लिखते हैं :

"हम यहाँ पर निर्यात-व्यापार की ओर ध्यान नहीं देते, जिसके द्वारा कोई भी राष्ट्र विलास की वस्तुओं को उत्पादन के साधनों अथवा जीवन-निर्वाह के साधनों में या इन साधनों को विलास की वस्तुओं में बदल सकता है। हम जिस विषय की छानबीन कर रहे हैं, उसका उसकी समग्रता में तथा समस्त विघ्नकारी गौण परिस्थितियों से अलग करके अध्ययन करने के लिए हमें पूरी दुनिया को एक राष्ट्र समझना और एक मानकर चलना होगा कि हर जगह पूँजीवादी उत्पादन कायम हो गया है। उसने उद्योग की प्रत्येक शाखा पर अधिकार कर लिया है।"

फिर पूँजी, खण्ड दो में जहाँ पूँजी के संचय और उत्पादन के विस्तार की चर्चा है। मार्क्स लिखते हैं :

"...अब केवल दो प्रस्थान बिंदु हैं : पूँजीपति और श्रमिक। व्यक्तियों के अन्य सभी तीसरे सवर्गों को अपनी सेवाओं के लिए या तो इन दो वर्गों से धन प्राप्त करना होगा, या जहाँ तक वे उसे प्रतिदान में सेवा बिना ही प्राप्त करते हैं, वे किराये, ब्याज आदि के रूप में बेशी मूल्य के सह-स्वामी होते हैं। बेशी मूल्य औद्योगिक पूँजीपति की जेब में पूर्णतः ठहर नहीं पाता, वरन् दूसरों को उसका हिस्सा देना पड़ता है, इसका प्रस्तुत समस्या से कुछ भी संबंध नहीं है। समस्या यह है कि वह अपने बेशी मूल्य को धन में कैसे बदलता है, यह नहीं कि जो कुछ मिला, उसका आगे चलकर बँटवारा कैसे होता है।..."[1]

1. पूँजी, खण्ड 2, अध्याय 17, पृष्ठ 297।

ऊपर उद्धृत इस मूल स्थापना के संदर्भ में तुगान बैरोनावस्की की स्थापना, जिसे रोजा लक्जमबर्ग ने उद्धृत किया है इस प्रकार है :

"मार्क्स बुनियादी तौर पर इस आम राय से सहमत हैं कि मज़दूरों यानी ग़रीबों के भारी बहुमत की ग़रीबी माँग की सिकुड़न से यह असंभव बना देती है कि पूँजीवादी उत्पादन के सतत फैलाव से उत्पादित वस्तुओं की पूरी मात्रा को ख़रीद सके। यह विचार निश्चित रूप से गलत है। हमने देखा है कि पूँजीवादी उत्पादन स्वयं अपना बाजार पैदा करता है—उपभोग पूँजीवादी उत्पादन का एक ही पहलू है। एक नियोजित सामाजिक उत्पादन में अगर उत्पादन करने वाले नेताओं को माँग संबंधी सभी जानकारियाँ उपलब्ध हों और अगर उन्हें यह अधिकार हो कि वे श्रम और पूँजी को उत्पादन की एक शाखा से दूसरी शाखा में स्थानांतरित कर सकें, तब सामाजिक उपभोग का स्तर कितना ही नीचा क्यों न हो, वस्तुओं (पण्यों) की आपूर्ति माँग से अधिक नहीं होगी।"[1]

इस तरह तुगान बैरोनावस्की के अनुसार बाज़ार में वस्तुओं की बाढ़ आ जाने का कारण उत्पादन के प्रसार में अनुपात का अभाव होता है। अतः तुगान बैरोनावस्की के अनुसार उत्पादन इस क्रम में होता है : अगर उत्पादन आनुपातिक आधार पर हो तो मज़दूर क्या उत्पादित करेंगे? जाहिर है अपनी आजीविका का साधन एवं उत्पादन का साधन। इसका उद्देश्य क्या होगा? अगले वर्ष उत्पादन को फैलाना। किन वस्तुओं के उत्पादन (का फैलाव)? फिर उत्पादन के साधनों और श्रमिकों की आजीविका के साधनों का उत्पादन और ऐसे ही आगे सदा के लिए।"[2]

दरअसल तुगान बैरोनावस्की और रिकार्डो एक सदी से कायम भ्रांति के शिकार थे, जिसमें यह माना जाता रहा है कि उत्पादन स्वयं अपने लिए माँग पैदा करता है। इस भ्रांति के कायम रहने का असली कारण यह था कि अर्थशास्त्री उत्पादित वस्तुओं के संबंध के पीछे के मनुष्यों के संबंध को नहीं देख पाते थे। सभी उत्पादन-प्रक्रिया में वस्तुओं के उत्पादन के पार्श्व में मनुष्यों और परिवेश का संबंध भी उपस्थित रहता है। चूँकि वे इस उत्पादन में लगे लोगों की इस प्रक्रिया से जुड़े आर्थिक संबंध को नज़रअंदाज़ करते थे। वे सिर्फ़ यह देखते थे कि

---

1. रोजा लक्जमबर्ग द्वारा बैरोनावस्की की स्टडीज इन द थ्योरी ऑफ़ हिस्ट्री से एक्युमुलेशन ऑफ़ कैपिटल से उद्धृत, पृष्ठ 311।
2. वही पृष्ठ 312-13।

अलग-अलग क्षेत्रों में अलग-अलग तरह की वस्तुओं का उत्पादन होता था, जो लोगों की विविध ज़रूरतों की पूर्ति के लिए उत्पादित होती थी। अगर स्थिति इतनी सरल हो तो यही दिखाई देता है कि विनिमय अलग-अलग ज़रूरतों को पूरा करने वाली उन वस्तुओं के बीच में होता है, जिसमें मुद्रा सिर्फ बिचौलिए की भूमिका निभाती है। इसलिए अगर उत्पादन का सही नियोजन हो तो निर्मित वस्तुएँ उतनी ही होंगी, जितनी कि समाज में माँग है। अचरज की बात यह है कि सिस्मंडी एवं मार्क्स आदि द्वारा श्रमिकों के शोषण पर आधारित व्यवस्था से पैदा माँग के संकट के बावजूद कई मार्क्सवादी अर्थशास्त्री भी माँग के अभाव को नियोजनजन्य असंतुलन का परिणाम मानते रहे। जबकि हक़ीक़त यह है कि अगर श्रमिकों को उसके द्वारा उत्पादित पूरा मूल्य नहीं दिया जाता तो उत्पादित वस्तुओं के बाज़ार का संकट तो पैदा होगा ही, क्योंकि वस्तुओं का विनिमय वस्तुओं से नहीं होता, बल्कि वस्तुओं की ख़रीदगी उपभोक्ताओं के द्वारा होती है, जिनकी आय इन्हें ख़रीदने के लिए यथेष्ट होनी चाहिए। पूँजीवादी व्यवस्था के भीतर आय का अभाव और इससे जुड़ा संकट किसी-न-किसी रूप में उपस्थित रहेगा ही।

हालाँकि तुगान बैरोनावस्की अपने सिद्धांत के प्रतिपादन के लिए मार्क्स द्वारा पूँजी, खंड 2 में प्रस्तुत मॉडल को आधार बनाते हैं। यह विचार मार्क्स की इस मूल स्थापना के विपरीत जाता है, जिसके अनुसार पूँजीवादी व्यवस्था में उत्पादन और ख़पत में सदा असंतुलन बना रहता है, जिसे पूँजी, खंड 3 में मार्क्स ने मुनाफ़ा के गिरते दर के रुझान के संदर्भ में बहुत स्पष्ट रूप से उल्लिखित किया है। रोजा लक्जमबर्ग ने अपनी पुस्तक में इसे उद्धृत किया है, जो यहाँ दिया जा रहा है।

"आवश्यक उत्पादन-साधन, अर्थात् पर्याप्त पूँजी-संचय होने पर बेशी मूल्य के सृजन को अगर बेशी मूल्य-दर अर्थात् शोषण की तीव्रता, नियत हो, तो केवल श्रमिक आबादी ही सीमित करती है; और अगर श्रमिक आबादी नियत हो, तो शोषण की तीव्रता के अलावा और कोई चीज़ सीमित नहीं करती और पूँजीवादी उत्पादन-प्रक्रिया तत्त्वतः बेशी उत्पाद अथवा उत्पादित जिंसों के श्रम को मूर्त करने वाले अशेषभाजक अंश में व्यक्त बेशी मूल्य का उत्पादन और उसके एक अंश का उत्पादन ही है। इस बात को कभी भुलाया नहीं जाना चाहिए कि इस बेशी मूल्य का उत्पादन और उसके एक अंश का पूँजी में पुनः रूपान्तरण अथवा संचय, बेशी मूल्य के इस उत्पादन का एक अभिन्न अंग है ही, पूँजीवादी उत्पादन का प्रत्यक्ष लक्ष्य और अप्रतिरोध्य प्रेरक है। इसलिए पूँजीवादी उत्पादन को ऐसा दिखलाना,

जैसाकि वह वस्तुतः है ही नहीं, बेकार होगा, अर्थात् ऐसा उत्पादन, जिसका प्रत्यक्ष लक्ष्य उपभोग अथवा पूँजीपति वर्ग के लिए उपभोग साधनों को बनाना है। ऐसा करने का मतलब उसके विशिष्ट स्वरूप को अनदेखा करना होगा, जो अपने संपूर्ण सार तत्त्व के साथ प्रकट हो जाता है।

इस बेशी मूल्य का सृजन ही उत्पादन की प्रत्यक्ष प्रक्रिया को पूरा करता है, जिसकी—जैसाकि हमने कहा है—ऊपर बतायी गयी सीमाओं के अलावा और कोई सीमाएँ नहीं हैं। जैसे ही निचोड़े जा सकने योग्य सारे बेशी श्रम को जिंसों में समाविष्ट किया जाता है कि बेशी मूल्य उत्पादित हो जाता है। लेकिन यह बेशी मूल्य-उत्पादन तो पूँजीवादी उत्पादन-प्रक्रिया के पहले अंक—प्रत्यक्ष उत्पादन प्रक्रिया—के पटापेक्ष को ही द्योतित कता है। पूँजी ने इतने-इतने अशोधित श्रम को अवशोषित कर लिया है। प्रक्रिया के विकास के साथ जो अपने को, लाभ-दर को ह्रास-दर में व्यक्त करती है, इस प्रकार उत्पादित बेशी मूल्य संहति फैलकर अपार आयाम प्राप्त कर लेती है। अब प्रक्रिया का दूसरा अंक शुरू होता है। सारी जिंस, संहति, अर्थात् उस अंश का जो बेशी मूल्य को व्यक्त करता है, सहित कुल उत्पाद, जो स्थिर तथा परिवर्ती पूँजी को प्रतिस्थापित करता है, और उस अंश का, जो बेशी मूल्य को व्यक्त करता है, सहित, कुल उत्पाद का बेचा जाना ज़रूरी है। अगर यह नहीं किया जाता, या केवल अंशतः किया जाता है, या उत्पादन दामों से कम दामों पर किया जाता है तो श्रमिक का, जो शोषण वास्तव में किया जा चुका है, वह शोषण पूँजीपति के लिए सिद्ध नहीं हो पाता, और इसे मज़दूर से निचोड़े गये बेशी मूल्य को सिद्धिकृत करने की पूर्ण अथवा आंशिक असमर्थता के साथ, वस्तुतः पूँजी की आंशिक अथवा पूर्ण हानि तक के साथ जोड़ा जा सकता है। प्रत्यक्ष शोषण की, और उसके सिद्धिकरण की अवस्थाएँ एक समान नहीं होतीं। वे केवल स्थान और काल में ही नहीं, बल्कि तार्किक दृष्टि से भी भिन्न होती हैं। प्रथमोक्त को केवल समाज की उत्पादक शक्तियों द्वारा सीमित किया जाता है, जबकि अंतोक्त को उत्पादन की विभिन्न शाखाओं के सापेक्ष संबंध और समाज की उपभोक्ता-शक्ति द्वारा। लेकिन समाज की यह उपभोक्ता-शक्ति न तो निरपेक्ष उत्पादक-शक्ति द्वारा और न ही निरपेक्ष उपभोक्ता-शक्ति द्वारा बल्कि वितरण की विरोधी अवस्थाओं पर आधारित उपभोक्ता-शक्ति द्वारा निर्धारित की जाती है, जो समाज के अधिकांश के उपभोग को न्यूनतम स्तर पर ले आती है, जिसमें कमोबेश संकीर्ण सीमाओं के भीतर ही कुछ अंतर होता है। इसके अलावा वह संचय करने की प्रवृत्ति, पूँजी का प्रसार करने और विस्तारित पैमाने पर बेशी मूल्य उत्पादित

करने की ललक द्वारा भी सीमित की जाती है। यह स्वयं उत्पादन विधियों में अविराम क्रान्तियों द्वारा, उनके साथ सदा जुड़ी रहने वाली विद्यमान पूँजी के ह्रास द्वारा, सार्विक प्रतिस्पर्धात्मक संघर्ष और महज आत्म-परीक्षण के साधन के रूप में तथा विनाश के ख़तरे के सामने उत्पादन को सुधारने और उसके पैमाने का प्रसार करने की आवश्यकता द्वारा थोपा गया पूँजीवादी उत्पादन का नियम है। इसलिए बाज़ार का निरंतर प्रसार करना होता है, जिससे उसके अंतःसंबंध और उन्हें नियंत्रित करने वाली अवस्थाएँ अधिकाधिक उत्पादक से स्वतंत्र रूप में कार्यशील नैसर्गिक नियम का रूप लेते जाते हैं और अधिकाधिक अनियंत्रित होते जाते हैं। यह आंतरिक असंगति अपने को उत्पादन के बहिवर्ती क्षेत्र के प्रसार के ज़रिये हल करने की कोशिश करती है। लेकिन उत्पादनशीलता जितना ही विकास करती है, उतना ही वह अपने को उस संकीर्ण आधार के विरोध में पाती है, जिस पर उपभोग की अवस्थाएँ आधारित होती हैं। इस स्वतः असंगत आधार पर यह किसी भी प्रकार कोई असंगति नहीं है कि बढ़ती हुइ बेशी आबादी के साथ-साथ ही पूँजी का भी आधिक्य हो जाता है। कारण यह है कि जहाँ इन दोनों का संयोग सचमुच बेशी मूल्य उत्पादित करता है और जिनके अंतर्गत उसकी सिद्धि होती है, उनके बीच असंगतियों को भी तेज़ करता है।"[1]

जब मार्क्स विस्तारित पूँजी-संचय की प्रक्रिया को पूँजी खंड 2 में प्रस्तुत करते हैं,[2] तब पूँजी-संचय की इस प्रक्रिया को पूँजीवादी व्यवस्था के उपरोक्त अंतर्विरोध का सामना करना होता है। मार्क्स द्वारा प्रस्तुत पूँजीवादी उत्पादन-प्रक्रिया का प्रस्थान बिन्दु साधारण पुनरुत्पादन की यह सारणी है :

(I) 4000स + 1000_1 + 1000बे + स्थायी पूँजी उत्पादक भाग

(II) 2000स + 500 प + 500बे = 9000 परवर्ती पूँजी उत्पादक भाग

(जहाँ 'स' स्थायी पूँजी, 'प' परिवर्ती पूँजी और 'बे' बेशी मूल्य को दर्शाते हैं।)

उपरोक्त सारणी में निर्माण के दोनों भाग में स्थायी पूँजी परिवर्ती पूँजी के चार गुणा है।

1. पूँजी, खंड 2, पृष्ठ 216।
2. पूँजी, खंड 2, पृष्ठ 392।

अब विस्तारित पैमाने पर पुनरुत्पादन की प्रारंभिक सारणी :

(I) 4000 स + 1000 प + 1000 बे = 6000
(II) 1500 स + 750 प + 750 बे = 3000
} योग 9000 है[1]

मार्क्स के अनुसार अब संचय के लिए क्रम व्यवस्था में किया गया परिवर्तन इस प्रकार है :

(I) 4400 स + 1100 प + 500 उपभोग-निधि = 6000
(II) 1600 स + 800 प + 600 उपभोग-निधि = 3000
} पहले की तरह योग 9000 है[2]

इन राशियों में निम्नलिखित पूँजी है :

(I) 4400 स + 1100 प (द्रव्य) = 5500
(II) 1600 स + 800 प (द्रव्य) = 2400
} 7900[3]

जबकि उत्पादन की शुरुआत निम्न से हुई थी :

(I) 4000 स + 1000 प = 5000
(II) 1500 स + 750 व = 2250
} 7250[4]

अब चूँकि वास्तविक संचय इस आधार पर होता है, यानी यदि उत्पादन वास्तव में इन परिवर्धित पूँजी से होता रहता है, तो अगले वर्ष के अंत में हमें यह प्राप्त होता है।

(I) 4,400 स + 1,100 प + 1100 बे = 6,600
(II) 1600 स + 800 प + 800 बे = 3,200
} 9800[5]

अब आगे मार्क्स लिखते हैं :

सब कुछ सामान्य गति से होता चले, इसके लिए आवश्यक है कि I की अपेक्षा II में संचय और तेज़ी से हो, वरना (I प + बे) अंश, जिसे (II सा) मालों में परिवर्तित करना है, II स की अपेक्षा तेजी से बढ़ेगा जबकि उसका विनिमय उसी से हो सकता है।

---

1. पूँजी, खंड 2, पृष्ठ 446।
2. पृष्ठ 447।
3. वही।
4. वही।
5. वही।

यदि इस आधार पर पुनरुत्थान चालू रहे और परिस्थितियाँ अन्यथा अपरिवर्तित रहें, तो अगला वर्ष समाप्त होने पर यह स्थिति होती है :

$$\left.\begin{array}{l}\text{(I) } 4{,}840 \text{ स} + 1210 \text{ प} + 1210 \text{ बे} = 7260 \\ \text{(II) } 1{,}760 \text{ स} + 880 \text{ प} + 880 \text{ बे} = 3{,}520\end{array}\right\} 10{,}780$$ [1]

इसी तरह अगले वर्षों की समाप्ति पर उत्पाद यह होता है :

$$\left.\begin{array}{l}\text{(I) } 5{,}324 \text{ स} + 1{,}331 \text{ प} + 1{,}331 \text{ बे} = 7986 \\ \text{(II) } 1{,}936 \text{ स} + 968 \text{ प} + 968 \text{ बे} = 382\end{array}\right\} 11{,}858$$ [2]

फिर

$$\left.\begin{array}{l}\text{(I) } 5{,}856 \text{ स} + 1{,}464 \text{ प} + 1{,}464 \text{ बे} = 8784 \\ \text{(II) } 2{,}129 \text{ स} + 1{,}065 \text{ प} + 1{,}065 \text{ बे} = 4{,}259\end{array}\right\} 13{,}043$$ [3]

फिर अगले वर्ष की समाप्ति पर

$$\left.\begin{array}{l}\text{(I) } 6{,}442 \text{ स} + 1{,}610 \text{ प} + 1{,}610 \text{ बे} = 9{,}662 \\ \text{(II) } 2{,}342 \text{ स} + 1{,}172 \text{ प} + 1{,}172 \text{ बे} = 4{,}686\end{array}\right\} 14{,}348$$ [4]

इन सारणियों पर विचार करते हुए रोजा लक्जमबर्ग लिखती हैं :

"…. उपरोक्त समीकरणों की शृंखला को हम अनन्त काल तक जारी रख सकते हैं अगर हम इस सरल नियम का पालन करें कि भाग I के स्थायी पूँजी के बढ़ने से इस भाग के परिवर्ती पूँजी में भी कुछ बढ़त अवश्यंभावी हो जाती, यह पहले ही तय कर देता है कि भाग II में परिवर्तन हो, जिसके साथ परिवर्ती पूँजी की बढ़त का एक तारतम्य स्थापित करना अनिवार्य हो जाता है। अंततः परिवर्ती पूँजी के दोनों भागों में बढ़त के परिणाम पर यह निर्भर करता है कि पूँजीपति वर्ग के निजी उपभोग के लिए कुल कितना बचा रह जाता है। यह बढ़त ही बतलाएगा कि दोनों भागों ने पूँजीकरण के बाद दोनों में प्रत्येक भाग के पूँजीपतियों के निजी उपभोग के लिए कितना बेशी मूल्य के बराबर उपभोग की वस्तुएँ बच जाती हैं।"[5]

---

1. वही, पृष्ठ 448।
2. वही।
3. वही।
4. वही।
5. रोजा लक्जमबर्ग, एक्युमुलेशन ऑफ़ कैपिटल, पृष्ठ 118।

इस बिन्दु पर रोजा लक्जमबर्ग यह शंका उपस्थित करती हैं कि यह सब तो गणित का खेल है, जो सहज रूप में चलता जाता है। देखना यह है कि इसका पूँजीवादी उत्पादन प्रक्रिया की हक़ीक़त से कितना संबंध है। रोजा लक्जमबर्ग दरअसल यही शंका तुगान बैरोनावस्की द्वारा प्रस्तुत पूँजी संचय के मॉडल के संबंध में भी जाहिर करती हैं।

मार्क्स के पूँजी के विकास के मॉडल के अनुसार इस व्यवस्था का विकास एक ऐसी स्थिति के भीतर होता है, जैसाकि पहले मार्क्स के उद्धरणों से बतलाया गया है—आय के दो ही स्रोत होते हैं—मज़दूरों की मज़दूरी और पूँजीपतियों का मुनाफ़ा। इसमें मज़दूरों को तो मज़दूरी के रूप में आय हो जाती है, यह तो उसके काम करने के समय में ही उसे प्राप्त हो जाती है। लेकिन पूँजीपतियों की आय का स्रोत मज़दूरों के श्रम से पाया गया बेशी मूल्य तो, जो पूँजीपतियों द्वारा उत्पादित वस्तुओं में ही उत्पादन के एक अंश के रूप में समाहित रहता है, पूँजीपतियों को तभी प्राप्त होगा, जब उत्पादित वस्तुएँ किसी के द्वारा ख़रीद ली जाती हैं। इन वस्तुओं में परिवर्ती पूँजी के रूप में समाहित मूल्य वाला हिस्सा तो मज़दूर अपनी मज़दूरी के रूप में प्राप्त आय से ख़रीदेगा (क्योंकि परिवर्ती पूँजी तो श्रमिकों को किये गये भुगतान के बराबर ही होती है)। लेकिन बेशी मूल्य वाला भाग कौन ख़रीदेगा? इसको ख़रीदने के लिए आय का दूसरा स्रोत पूँजीपतियों का मुनाफ़ा ही हो सकता है। लेकिन यह मुनाफ़ा तो वस्तुओं की बिक्री के बाद ही आएगा। यहाँ एक गतिरोध है, जो पूँजीवादी उत्पादन-विपणन की उस स्वायत्त व्यवस्था के भीतर टूटता दिखाई देता है, जिसमें आय के दो ही स्रोत हैं और पूँजीपतियों की आय उसके द्वारा उत्पादित वस्तुओं की बिक्री से प्राप्त बेशी मूल्य ही हो सकता है। फिर भी यह एक ऐतिहासिक हक़ीक़त है कि पूँजीवादी व्यवस्था का विकास लगातार होता रहा है? इसी तथ्य को ध्यान में रख रोजा लक्जमबर्ग ने यह स्थापना प्रस्तुत की कि पूँजीवादी व्यवस्था की स्वायत्त यानी किसी बाहरी ग़ैर-पूँजीवादी व्यवस्था से समर्थन या आदान-प्रदान के बिना विकास संभव ही नहीं है। तो फिर भी अगर, पूँजीवादी व्यवस्था विकसित हुई और फली-फूली है तो इसका कारण यह है कि यह सदा ग़ैर-पूँजीवादी व्यवस्थाओं से अनिवार्य आदान-प्रदान पर आधारित रही है।

रोजा लक्जमबर्ग निचोड़ के रूप में अपना विचार यों रखती हैं। कोई भी समाज, जहाँ सिर्फ़ दो ही वर्ग, पूँजीपति और मज़दूर हैं, अतिरिक्त मूल्य के उस

हिस्से का सिद्धिकरण नहीं कर सकता, जो मज़दूरों के द्वारा मज़दूरी या पूँजीपतियों के द्वारा मुनाफ़े को उपभोग के रूप में खर्च नहीं कर दिया जाता। इसीलिए इस समस्या के समाधान के लिए तरह-तरह के कृत्रिम उपाय ढूँढ़े जाते रहे हैं—यथा माल्थस का सामंत में, वोरोन्तसोव का सैन्यीकरण में, स्त्रुव का वकील आदि पूँजीपतियों के आश्रित वर्गों में या विदेशी व्यापार जैसे उपायों में। रोजा लक्जमबर्ग के अनुसार सिस्मंडी तथा निकोलायन आदि का पूँजीवादी व्यवस्था के लगातार चालू रहने की संभावना पर इसी कारण संदेह हो रहा है। दरअसल यह समस्या मार्क्स के पूँजीवाद के चरित्र यानी मजदूरों के श्रम के शोषण के इसके आधार में ही निहित है। मार्क्स ने, जो पूँजी के साधारण पुनरुत्पादन का सिद्धांत प्रस्तुत किया था, उसी में प्रसारित पुनरुत्पादन के सामने आने वाली समस्या भी निहित थी। यह बात साफ़-साफ़ झलकती है। जब हम यह मानकर चलने लगते हैं कि सारे संसार में पूँजीवादी व्यवस्था कायम हो चुकी है और आय के स्रोत वाले दो ही वर्ग पूँजीपति और मज़दूर ही उत्पादन और विनिमय से जुड़े हैं।

अब रोजा लक्जमबर्ग ऐतिहासिक तथ्यों के आधार पर यह दिखलाती हैं कि दरअसल पूँजीवाद के विकास के क्रम में कभी भी यह व्यवस्था थी ही नहीं। पूँजीवाद अपने जन्म से ही एक ग़ैर-पूँजीवादी दुनिया की कोख़ में पलता रहा है, जिस कोख़ को वह लगातार खोखला भी करता जा रहा है। जब वह इसे खोखला कर इसकी जगह स्वयं को स्थापित करता है तो ऐसा गतिरोध पैदा करता है, जो इसके अस्तित्व का संकट बन जाता है। पूँजीवाद को पोषित करने वाली यह आवृत्ति अनेक तरह की सामाजिक-आर्थिक संरचनाओं की आवृत्ति है—आदिम कबीलाई समाज अनेक तरह के पूरक पेशे पर आधारित जाति व्यवस्थाएँ, विभिन्न स्तरों पर सोपानवत् अनुबंधों पर आधारित अनेक तरह की सामंती व्यवस्थाएँ आदि इन सभी समाजों का प्राकृतिक परिवेश के साथ एक अटूट रिश्ता होता है, जिसमें प्राकृतिक परिवेश उनको जीवन का आधार प्रदान करते हैं। इन व्यवस्थाओं में जीने वाले अधिकांश लोग इस परिवेश से भावनात्मक रूप से जुड़कर किसी-न-किसी तरह परिवेश के जीवन और इसकी निरंतरता को बनाये रखते हैं। जब परिवेश के साथ उनका संतुलन टूटता है या परिवेश का स्खलन होता है। ये मानव-समाज भी संकटग्रस्त हो या तो परिवेश छोड़कर विस्थापित हो जाते हैं या पूरी तरह नष्ट हो जाते हैं। प्रकृति के साथ अपने संबंधों में निरंतरता बनाये रखने वाले ऐसे ही विविध समाजों से पोषण पाकर प्रारंभिक पूँजीवादी समाज अस्तित्व में आया। पूँजीवाद विकसित होता रहा, उसके पीछे उसको पोषण देने वाली ऐसी

प्राक्-पूँजीवादी व्यवस्थाओं की निर्णायक भूमिका थी। रोजा लक्जमबर्ग ने इसी कल्पना से विस्तारित पूँजी-संचय की पहेली को समझने के लिए पूँजीवाद के विकास में ग़ैर-पूँजीवादी समाजों की भूमिका को रेखांकित किया।

रोजा लक्जमबर्ग लिखती हैं : "पूँजीवादी संचय के लिए बेशी मूल्य का सिद्धिकरण एक केंद्रीय मुद्दा है। इसकी एक अनिवार्य शर्त है ... कि पूँजीवादी समाज के बाहर इसके ख़रीदार का एक समूह हो। ध्यान में रखने की बात है कि ख़रीदार उपभोक्ता नहीं, क्योंकि बेशी मूल्य का भौतिक रूप इस सिद्धिकरण की दृष्टि से अप्रासंगिक है। निर्णायक बात यह है कि बेशी मूल्य का सिद्धिकरण पूँजीपति या मज़दूर द्वारा नहीं हो सकता, बल्कि तभी हो सकता है, जब इसके ख़रीदार वैसे संगठन या वर्ग हों, जिनकी अपनी उत्पादन-प्रक्रिया पूँजीवादी नहीं है। यहाँ हम दो भिन्न स्थितियों पर विचार करेंगे।

(1) पूँजीवादी उत्पादन अपनी ज़रूरत की पूर्ति के ऊपर यानी अपने मज़दूरों, पूँजीपतियों की माँग को पूरा कर अतिरिक्त उपभोग की वस्तुएँ उपलब्ध कराता है जिसे ग़ैर-पूँजीवादी समूह और देश खरीदते हैं। उदाहरण के लिए अंग्रेज़ी कपड़ा-उद्योग उन्नीसवीं शताब्दी के प्रथम दो तिहाई काल में और कुछ हद तक अब भी यूरोप के किसानों और शहरों के मध्यम वर्गों को कपड़ा मुहैया कराता रहा है। अंग्रेज़ी कपड़ा-उद्योग का बृहत् फैलाव का आधार इस तरह ग़ैर-पूँजीवादी उद्योगों और उनके विविध स्तरों द्वारा इसके उपयोग पर आधारित रहा है, स्वयं इंग्लैंड में इसके कपास-उद्योग की ज़रूरत पूरा करने के लिए अनेक औद्योगिक मशीनों (बौबिन, करघे), इसके अलावा धातु और कोयले, आदि का विकास हुआ। इस मामले में भाग-II (उपभोग उत्पादक उद्योग) के उत्पादों का सिद्धिकरण बढ़-चढ़कर ग़ैर-पूँजीवादी हल्कों द्वारा हुआ और अपने संचय के लिए इसे बढ़-चढ़ कर अपने देश के भाग-I के लिए उत्पादन के लिए माँग पैदा की। इस तरह I के बेशी मूल्य के सिद्धिकरण का अवसर पैदा किया।

(2) इसके उल्टा, पूँजीवादी उत्पादन अपनी ज़रूरत से ज़्यादा उत्पादन के साधन की आपूर्ति करता है और ग़ैर-पूँजीवादी देशों में ख़रीदार पाता है। उदाहरण के लिए अंग्रेज़ी उद्योग ने उन्नीसवीं शताब्दी के पहले भाग में अमेरिका और आस्ट्रेलिया के राज्यों में रेल मार्गों के निर्माण के लिए आवश्यक वस्तुओं की आपूर्ति की। (रेलवे का निर्माण अपने आप में इस बात का सबूत नहीं है कि देश में पूँजीवादी उत्पादन की प्रधानता स्थापित हो गयी है। वास्तव में इस मामले में

रेलवे पूँजीवादी उत्पादन के उद्घाटन की एक ही प्राथमिक ज़रूरत की पूर्ति करता है।) दूसरा उदाहरण जर्मनी का रासायनिक उद्योग है, जो भारी मात्रा में रंग जैसा उत्पादन का साधन भारी मात्रा में एशियाई, अफ़्रीकी और दूसरे उन देशों को मुहैया कराता है, जहाँ उत्पादन पूँजीवादी नहीं है। यहाँ महकमा I अपने उत्पादों का सिद्धिकरण ग़ैर-पूँजीवादी हल्कों में करता है। इसके परिणाम से महकमा I के उत्तरोत्तर फैलाव तत्संबंधी महकमा II का उसी पूँजीवादी देश में प्रसार करता है, ताकि महकमा I में काम करने वाले लोगों की फैलती फ़ौज को जीवन-यापन की वस्तुएँ उपलब्ध हो सकें।

"इनमें प्रत्येक उदाहरण मार्क्स द्वारा प्रस्तुत ढाँचे से अलग दिखाई देता है। ..."

आगे रोजा लक्जमबर्ग इस बात की ओर ध्यान खींचती हैं कि उत्पादन के फैलाव के साथ-साथ कच्चे माल की खपत भी इसी अनुपात में बढ़ती है और इसकी आपूर्ति पूँजीवादी उत्पादन-पद्धति से होना ज़रूरी नहीं है। खनिज या कृषि उत्पादों के लिए सिर्फ प्रकृति के साथ मानव-श्रम का योग ज़रूरी है। यह योग उत्पादन की किसी भी पद्धति, मसलन कबायली, गुलामी पर आधारित या सामंती व्यवस्था के तहत हो सकता है। जैसाकि रोजा लक्जमबर्ग अनेक उदाहरणों से बतलाती हैं। दरअसल, पूँजीवादी, उत्पादन के प्रसार के लिए कच्चे मालों की आपूर्ति मुख्य रूप से ऐसी ग़ैर-पूँजीवादी उत्पादन-पद्धति से ही हुई है। इस तरह ग़ैर-पूँजीवादी व्यवस्थाएँ पूँजीवाद के अस्तित्व और फैलाव की दो बुनियादी आवश्यकताओं की पूर्ति करती हैं। एक तो बेशी मूल्य के सिद्धिकरण की ज़रूरत की, जो जैसाकि ऊपर बतलाया गया है, पूँजीवादी व्यवस्था में संभव नहीं है और दूसरा तकनीक के विकास से उत्पादन के अत्यधिक फैलाव के अनुपात में कच्चे मालों की आपूर्ति की ज़रूरत की। रोजा लक्जमबर्ग अनेक उदाहरणों से बतलाती हैं कि कैसे औद्योगिक क्रान्ति में अग्रणी ब्रिटेन स्वयं अपने औद्योगिक विकास के लिए ग़ैर-पूँजीवादी उत्पादन पद्धति से उपलब्ध कच्चे मालों पर निर्भर रहा है। वह लिखती हैं :

"... उन्नीसवीं शताब्दी के प्रथम भाग में इंग्लैंड के बेशी मूल्य का बड़ा हिस्सा सूती वस्त्रों के रूप में उत्पादित होता था। लेकिन इसके बेशी मूल्य के पूँजीकरण का भौतिक, हालाँकि वे अतिरिक्त उत्पाद में व्यक्त होते थे, वे पूँजीवादी अतिरिक्त उत्पाद नहीं थे। उदाहरणस्वरूप कच्चा कपास, जो अमेरिका की गुलामी पर आधारित राज्यों से प्राप्त होता था या अनाज (अंग्रेज़ मज़दूरों के पोषण के लिए

ज़रूरी) रूस के सर्फों (भू-दासों) की कृषि-व्यवस्था से प्राप्त होता था। पूँजीवादी संचय उन उत्पादन के साधनों पर जो पूँजीवादी उत्पादन पद्धति द्वारा उपलब्ध नहीं होता—कितना निर्भर है, यह इंग्लैंड में कपास के उस संकट से जाहिर होता है, जो अमेरिका के कुछ राज्यों के अलग होने के निर्णय से उत्पन्न हुए युद्ध से पैदा हुआ, जब इस काल में कपास के प्लांटेशन में काम ठप हो गया। या फिर यूरोप में लिनेन उद्योग के उस संकट से जब पूरब के युद्ध से सर्फों पर आधारित रूस की व्यवस्था से फ्लैक्स (अलसी के रेशे) का आयात रुक गया। हमें यह भी याद रखना है कि किसानों द्वारा उत्पादित अनाज यानी ग़ैर-पूँजीवादी उत्पादन का महत्त्वपूर्ण योगदान औद्योगिक मज़दूरों को भोजन प्रदान करने में रहा है। यह भी पूँजी-संचय में ग़ैर-पूँजीवादी भौतिक पदार्थों के महत्त्व को रेखांकित करता है।"[1]

और आगे लिखती हैं :

"..... प्रारंभ से ही पूँजीवादी उत्पादन के तौर-तरीक़े और नियम सारे संसार की उत्पादन शक्तियों को एक ख़ज़ाना के रूप में हस्तगत करना चाहते हैं। उत्पादन की शक्तियों को शोषण के लिए हस्तगत करने के अभियान में यह सारे संसार को उधेड़ डालता है, यह अपना उत्पादन का साधन संसार के सभी कोनों से प्राप्त करता है, आवश्यक हुआ तो शक्ति-प्रयोग से सभ्यता के सभी स्तर और सभी तरह की सामाजिक रचनाओं से।"[2]

आगे रोजा लक्जमबर्ग बतलाती हैं कि पूँजीवाद के विकास के लिए न सिर्फ ग़ैर-पूँजीवादी ढंग से उत्पादित उत्पादन के साधनों की ज़रूरत होती है, बल्कि भारी संख्या में ग़ैर-पूँजीवादी उत्पादन में लगे श्रमिकों की भी ज़रूरत होती है। वह लिखती हैं :

"... सही अर्थ में पहले पूर्ण रूप से पूँजीवादी अँग्रेज़ी कपास-उद्योग के लिए न सिर्फ अमेरिका के दक्षिणी राज्यों का कपास ज़रूरी था, बल्कि दशों लाख के अफ़्रीकी नीग्रो ज़रूरी थे, जिन्हें प्लांटेशनों के लिए श्रम-शक्ति प्रदान करने के लिए गुलाम बना जहाज़ों से ढोकर पहुँचाया गया था और बाद में जिन्हें पूँजीवादी व्यवस्था में सर्वहारा के रूप में काम पर लगाया गया।"[3]

---

1. रोजा लक्जमबर्ग, एक्युमुलेशन ऑफ़ कैपिटल, केगन पाल लि., लंदन, 1951, पृष्ठ 352-3।
2. वही, पृष्ठ 357।
3. वही।

अपनी टिप्पणी में रोजा लक्जमबर्ग ये तथ्य प्रस्तुत करती हैं :

"संयुक्त राज्य में अलगाववाद के विरुद्ध हुए युद्ध के थोड़े ही समय पहले प्रकाशित टेबुल में गुलामी वाले राज्यों में सालाना कपास-उत्पादन और इसमें लगाये गये गुलामों की संख्या संबंधी ये आँकड़े दिये गये थे :

वर्ष	कपास की क़ीमत डॉलरों में	गुलामों की संख्या
1800	5,200,000	8ए93,041
1810	15,000,000	1,191,364
1820	26,300,000	1,543,688
1830	34,100,000	2,009,053
1840	74,600,000	2,487,255
1850	101,800,000	3,197,509
1851	137,300,000	3,200,000

(सिमन्स के 'क्लास स्ट्रग्ल इन अमेरिकन हिस्ट्री' से)[1]

रोजा लक्जमबर्ग अनेक अध्ययनों का हवाला दे यह भी बतलाती हैं कि किस तरह स्वयं अफ़्रीका में हीरे की खदानों में विभिन्न मूलों के लोग अलग-अलग तरह के कबीलों से लाकर काम पर लगाये जाते हैं, जो कुछ समय काम के बाद फिर अपने परिवेश में लौट जाते हैं। यानी पूँजी-संचय के इस अभियान में हर तरह के ग़ैर-पूँजीवादी समाजों के लोगों के श्रम का शोषण बिना भेद-भाव के पूँजी-संचय के लिए किया जाता रहा है। आगे रोजा लक्जमबर्ग लिखती हैं :

"…. पूँजी को सारे संसार के उत्पादन के साधनों और श्रम-शक्ति की ज़रूरत निर्बाध संचय के लिए होती है। यह संसार के सभी भू-भागों के प्राकृतिक संसाधनों और श्रम-शक्ति के बिना अपना काम नहीं चला सकती। यह जानकर कि हक़ीक़त में अभी भी दुनिया के संसाधन और श्रम-शक्ति प्राक् पूँजीवादी उत्पादन के दायरे में है : पूँजी-संचय का यही ऐतिहासिक आधार भूमि है—पूँजी की यह मजबूरी है कि यह हर उपाय से इन अंचलों और सामाजिक संस्थाओं के

1. वही, पृष्ठ 358।

ऊपर अपना प्रभुत्व कायम करने का प्रयास करे।"[1] आज के परिदृश्य पर विचार करने पर ऐसा लगता है कि सौ साल पहले वर्णित इस रुझान की निरंतरता आज भी विश्व व्यापार संगठन के प्रयासों में बनी हुई है।

रोजा लक्जमबर्ग ने पूँजीवादी व्यवस्था के प्रसार के चार औज़ारों को चिह्नित किया है, जिससे वह वैसी ग़ैर-पूँजीवादी व्यवस्थाओं को जो आपसी संबंधों के ताना-बाना के आधार पर आत्मनिर्भर होती हैं और जिनका बाहरी व्यवस्थाओं से नाममात्र का लेन-देन होता है, तोड़ती हैं और उन पर अपना वर्चस्व कायम करती हैं। ये हैं :

(1) उत्पादन के महत्त्वपूर्ण स्रोतों पर अधिकार, जैसे ज़मीन-जंगलों में आखेट के लायक जीव, खनिज, कीमती पत्थर, अनुपम उद्‌भिज मसलन रबड़ आदि।

(2) श्रम शक्ति को पुराने बंधनों से मुक्त कर इसे उद्योगों में काम करने के लिए मजबूर करना;

(3) पण्य (कमोडिटी) की अर्थव्यवस्था लागू करना।

(4) व्यापार को कृषि-व्यवस्था से अलग कर देना (यानी कृषि में विनिमय के व्यापारिक ढाँचे को, जिसमें वस्तुओं की अदला-बदली भी शामिल है, ख़त्म कर मुद्रा आधारित व्यापार को प्रोत्साहित करना।)

रोजा लक्जमबर्ग का मानना था कि पूँजी की ऊपर वर्णित रणनीति ग़ैर-पूँजीवादी व्यवस्थाओं के स्वाभाविक रूप से विघटन के भरोसे नहीं हो सकती थी, क्योंकि इन व्यवस्थाओं में एक तरह का स्थायित्व होता है, जो बदलाव को अवरोधित करता है। दूसरी ओर पूँजी में प्रसार का एक ज़बर्दस्त अंतर्निहित दबाव होता है, जो दूसरी व्यवस्थाओं के स्वाभाविक विघटन के लिए इंतज़ार नहीं कर सकता। इसलिए पूँजी शक्ति का सहारा ले इसकी पहुँच में आने वाली सभी ग़ैर-पूँजीवादी व्यवस्थाओं को नष्ट करती रही है। इसी कारण पूँजीवादी व्यवस्था के संपर्क में आने वाली सभी व्यवस्थाओं ने इसके घुसपैठ का प्रतिरोध किया और जवाब में उन्हें पूँजीवादी शक्तियों ने बल प्रयोग से नष्ट किया। भारत का उदाहरण देते हुए रोजा लक्जमबर्ग लिखती हैं :

1. वही, पृष्ठ 362।

"... भारतीयों का प्राचीन आर्थिक गठन—सामुदायिक ग्रामीण समाज[1] अनेक राजनीतिक उथल-पुथल के बावजूद अपने हज़ारों साल के इतिहास में संरक्षित रहा। छठी शताब्दी ईसा पूर्व में फारस वालों ने भारत के सिन्धु घाटी के कुछ इलाक़ों पर क़ब्ज़ा किया। दो सदी बाद यूनानी आये और सिकन्दर ने एक बिल्कुल परायी सभ्यता के आधार पर उपनिवेश कायम किया। इसके बाद बहशी सिथियाई आये और फिर भारत सदियों तक अरब अधिकार में रहा। फिर ईरान के पर्वतों से उतरकर अफ़गानों ने क़ब्ज़ा किया, जिन्हें तातार आक्रमणकारियों ने खदेड़ा। मंगोलों के आक्रमण का पथ आतंक और बरबादी से पटा था जिसमें पूरे-के-पूरे गाँवों की आबादी का क़त्लेआम हुआ, जिसमें धान के कोमल पौधे ख़ून से लाल हो गये। इसके बावजूद ग्रामीण अर्थव्यवस्था जीवित रही। क्योंकि किसी मुस्लिम विजेता ने यहाँ के किसानों की ज़िन्दगी और उनकी पारंपरिक जीवन-पद्धति को नष्ट नहीं किया। उन्होंने प्रदेशों में अपनी सरकारें कायम कीं, जिनका काम सिर्फ़ सैनिक संगठन को बनाये रखना और लोगों से टैक्स वसूल करना-भर था। मुग़ल सल्तनत में, किसानों को मुगल-शासकों की वस्तुओं के रूप में सालाना कर चुका देना होता था, लेकिन वह बिना किसी हस्तक्षेप के अपनी ज़मीन पर वैसे ही धान उगा सकता था, जैसा उसके पूर्वजों ने किया था। इसके बाद अंग्रेज़ आये और पूँजीवादी सभ्यता के रोग ने पूरी सामाजिक व्यवस्था को नष्ट कर दिया। ...अंग्रेज़ी पूँजी का एकमात्र उद्देश्य भारतीय समुदाय के जीवन के आधार यानी उनकी भूमि पर ही क़ब्जा जमाना था।"[2]

रोजा लक्जमबर्ग विस्तार से बतलाती हैं कि कैसे चरणबद्ध ढंग से फ़्रांसीसियों ने अल्जीरिया में वहाँ की सामुदायिक व्यवस्थाओं को नष्ट किया, ताकि उनकी

---

1. यहाँ रोजा लक्जमबर्ग 'कम्युनिस्ट ग्रामीण समुदाय' पद का इस्तेमाल करती हैं, जो भारतीय समाज के गठन के संबध में अधूरी जानकारी का परिणाम था। यह ग़लतफ़हमी इस बात से पैदा होती है, क्योंकि भारत में भूमि उस अर्थ में निजी संपत्ति नहीं थी, जिस अर्थ में यह पूँजीवादी यूरोप में थी या सामंती व्यवस्था में भी सामंत की मर्ज़ी पर भू-दासों (सर्फों) में वितरित की जा सकती थी। यहाँ वर्ण-व्यवस्था और कामों के आधार पर जातीय विभाजन एक संपूर्ण आर्थिक, सामाजिक व्यवस्था थी। इसमें भूमि पर नाम लिहाजी अधिकार तो ऊपर के वर्णों के हाथ में था, जो इस पर खेती करने के लिए जवाबदेह था, लेकिन इसकी उपज पर उसका उस अर्थ में एकाधिकार नहीं था, जिस अर्थ में पूँजीवादी व्यवस्था में जमीन के मालिकों का, पारंपरिक 'यजमानी व्यवस्था' के तहत ज़मीन की उपज में गाँव के लिए आवश्यक सेवा उपलब्ध कराने वाली जातियों का भी निश्चित हिस्सा होता था, जो वे फ़सल तैयार होने पर ले लेते थे। अपनी सेवाओं की एवज़ में पुरोहित, लोहार, बढ़ई, तेली, तमोली, नाई, कुम्हार आदि अधिकारपूर्वक पैदावार का परंपरा द्वारा निर्धारित हिस्सा लेते थे।
2. रोजा लक्जमबर्ग, वही, पृष्ठ 371-72।

भूमि को निजी संपत्ति बना यानी उन्हें ख़रीद-फरोख़्त की वस्तु बना उन पर अधिकार जमाया जा सके। वह लिखती हैं :

"...1873 में नेशनल एसेंबली ने एक क़ानून लाया, जिसका घोषित उद्देश्य तुरन्त सभी 700 अरब कुलों (क्लैन) की सम्मिलित पारंपरिक जागीरों को तोड़कर उनमें निजी स्वामित्व कायम करना था। उपनिवेश में फैली बदहाली, इसका बहाना बना। भारत के 1866 के भीषण अकाल ने बर्तानी जनमानस को अंग्रेज़ों के द्वारा भारत में किये गये कमाल के प्रति सजग किया था और संसदीय जाँच बैठायी गयी। इसी तरह साठ के दशक के अंत में यूरोप के लोगों की आँखें अल्जीरियाई हक़ीक़त पर तब खुलीं, जब चालीस साल के फ़्रांसीसी अधिकार का नतीजा चारों ओर अरबों में फैलने वाले अकालों और बढ़ती हुई मृत्यु-दर के रूप में सामने आया। एक जाँच आयोग अरबों के उद्धार का मार्ग सुझाने के लिए गठित किया गया। एक मत से यह निर्णय हुआ कि उन्हें डूब मरने से बचाने का एक ही उपाय है—उनमें निजी संपत्ति कायम करना, सोचा गया कि इसी उपाय से अरब बर्बादी से बच सकेंगे यानी वे ज़रूरत पड़ने पर अपनी ज़मीन को गिरवी रख सकेंगे या बेच सकेंगे।

रोजा लक्जमबर्ग ने आगे बतलाया है कि इस नीति का नतीजा यह हुआ कि अल्जीरिया में अरबों की पारंपरिक अर्थव्यवस्था नष्ट हो गयी और बड़ी संख्या में अरब लोग अल्जीरिया छोड़ तुर्की और सीरिया आदि में पलायन करने लगे। उस समय से जो विघटन की प्रक्रिया शुरू हुई, आज तक समाप्त नहीं हुई है और एक शताब्दी बाद आज तक फ़्रांस से राजनीतिक रूप से आज़ाद हो जाने के बाद भी अल्जीरिया राजनीतिक उथल-पुथल के दौर से ही गुजर रहा है। यह ध्यान में रखने की बात है कि पारंपरिक सामाजिक-आर्थिक ढाँचा तो टूट गया, लेकिन यूरोप के तर्ज पर कोई व्यवस्थित पूँजीवादी व्यवस्था का विकास वहाँ नहीं हो पाया। फ़्रांस और दूसरी पूँजीवादी व्यवस्थाओं के अधिशेष के सिद्धिकरण का क्षेत्र-भर बनकर बाज़ार और संसाधन (कच्चे माल और मज़दूर) उपलब्ध कराता रहा। इसी क्रम में अल्जीरिया से आजीविका की तलाश में भारी संख्या में अरब लोग फ़्रांस में आकर बस गये और फ़्रांस के श्रमिकों में उनकी खासी उपस्थिति है। इससे फ़्रांस की राजनीति में मूल आधारित तनाव और विभाजन गहराया है।

चौथा अध्याय

पूँजी-संचय और आंतरिक उपनिवेश

पूँजीवाद के विकास के लिए या मार्क्स की शब्दावली में अतिरिक्त मूल्य की सिद्धि के लिए जैसाकि रोजा लक्जमबर्ग ने अनेक उदाहरणों से साबित किया है लगातार किसी बाहरी यानी ग़ैर-पूँजीवादी क्षेत्र की तलाश रहती है। इसी कारण जब पूँजीवाद पहले के किसी औपनिवेशिक क्षेत्र में अपनी जड़ जमाने लगता है तो वहाँ की संपूर्ण अर्थव्यवस्था का विकास एकल पूँजीवादी व्यवस्था के रूप में नहीं होता। वहाँ के नवजात पूँजीवादी केन्द्र अपने ही देश में एक बाहरी और वृहद् औपनिवेशिक क्षेत्र का विकास करता है, जिसके साथ विनिमय से केन्द्रीय पूँजीवादी व्यवस्था का विस्तार होता है। इस प्रक्रिया में संबद्ध क्षेत्र की पारंपरिक आत्मनिर्भर व्यवस्थाएँ नष्ट हो जाती हैं और इस क्षेत्र के लोगों का जीवन पूँजीवादी केन्द्र एवं इसके माध्यम से संसार की दूसरी पूँजीवादी अर्थव्यवस्थाओं से जुड़ता है। इस तरह एक आंतरिक औपनिवेशिक क्षेत्र अस्तित्व में आता है। यह संबंध बराबरी का नहीं होता, क्योंकि एक तरफ़ व्यवस्थित रूप से विकसित हो रहा नयी तकनीक से संपन्न आक्रामक पूँजीवादी तंत्र होता है और दूसरी तरफ़ विशृंखलित अर्थव्यवस्था के बिखरे अवशेषों में आजीविका की तलाश करते लोग, जो खेत या खदानों में उन्हीं वस्तुओं के उत्पादन के लिए अभिशप्त हैं, जिनकी ज़रूरत पूँजीवादी केंद्रों को होती है। या फिर अपने जीवन के पारंपरिक आधार के नष्ट हो जाने से इन्हें विकसित हो रहे पूँजीवादी केंद्रों या नये तरह की कृषि यानी पूँजीवादी तरीके से विकसित प्लांटेशनों या फिर पूँजीपतियों द्वारा ही विकसित किये जा रहे खदानों में काम करने को विवश होना पड़ता है। भुखमरी से जूझ रहे ऐसे लोगों को पूँजीवादी प्रतिष्ठान अपनी सुविधा के अनुसार काम का आश्वासन दे दूर-दराज़ देशों में भी प्रतिस्थापित करते हैं। ऐसे मज़दूरों की नयी जिन्दगी बँधुआ या गिरमिटिया मज़दूर के रूप में अनजान अपरिचित देशों में शुरू होती है।

भारत जिसे कभी अंग्रेजी साम्राज्य का नायाब रत्न कहा जाता था और आज जिसके तेज आर्थिक विकास का डंका दुनिया-भर में पीटा जाता है, आंतरिक औपनिवेशिक विकास का अच्छा-खासा नमूना पेश करता है। पंद्रहवीं शताब्दी के अंतिम वर्षों में वास्कोडिगामा के आगमन के बाद से इसका व्यापारिक संपर्क यूरोप के देशों के साथ हुआ। तब यह व्यापार लगभग एकतरफ़ा था। भारत के मसाले और उत्कृष्ट क़िस्म के कपड़े, ढाका का मलमल, बिहार की छींट और केरल के कैलिको का आयात यूरोपीय देश मुख्य रूप से सोना-चाँदी देकर करते थे। निःसंदेह यूरोपीय नाविकों को इस व्यापार में भारी मुनाफ़ा होता था। लेकिन यूरोप का ख़ज़ाना दूसरे तरह से भी भर रहा था। यह थी जहाज़ियों की खुली लूट की कमाई, जिसका सबसे विशाल क्षेत्र था हाल में ढूँढ़ा गया अमेरिकी महादेश—यानी उत्तरी और दक्षिणी अमेरिका। ख़ासतौर से दक्षिण और मध्य अमेरिका के मय, अजतेक और इनकी सभ्यताओं को नष्ट कर या उनके अवशेषों को लूटकर यूरोपीय जहाज़ियों ने अकूत सोना-चाँदी से यूरोप को भर दिया। इसी संपन्नता की पृष्ठभूमि में ब्रिटेन से शुरू हो नई औद्योगिक क्रान्ति ने पूरे यूरोप में अपनी जड़ जमा ली। औद्योगिक क्रान्ति ने धीरे-धीरे भारत के साथ होने वाले औद्योगिक संबंध को भी उलट दिया। बाद में नये उद्योगों में सस्ते उत्पादित माल से बाज़ार में पारंपरिक वस्तुओं की अपेक्षा इन उद्योगों की वस्तुओं की प्रतिस्पर्धी क्षमता बढ़ गयी। इसके साथ-साथ हाल में हासिल राजनीतिक वर्चस्व का इस्तेमाल कर पारंपरिक शिल्पकारों पर तरह-तरह के जुल्म ढाये गये और उनके लिए व्यापार की शर्तें मुश्किल बनायी जाने लगीं। इन सब कारणों से बीसवीं सदी के आते-आते भारत के पारंपरिक उद्योग नष्ट हो गये और नये उद्योग भारत के बाज़ार में छा गये। पारंपरिक उद्योगों के नष्ट हो जाने से नये उद्योगों में उत्पादित वस्तुओं का बाज़ार अचानक बहुत ही विशाल हो गया। इस तरह नये उद्योगों को फैलाने का दूसरा दौर शुरू हुआ।

यूरोपीय देशों का संपर्क और भारत में प्रवेश समुद्री रास्ते से हुआ था, इसलिए स्वाभाविक था कि उन्होंने अपने व्यापारिक अड्डे पहले भारत के तटीय प्रदेशों में बनाये। वैसे तो भारत में सबसे पहले पुर्तगाल के जहाज़ी और व्यापारी आये और फिर डच, फ़्रांसीसी और अँग्रेज़। लेकिन भारत में अंग्रेज़ों का ही वर्चस्व कायम हुआ। फ़्रांसीसी पांडिचेरी और एक दो दूसरी छोटी जगहों में सिमट गये। वैसे ही पुर्तगाली मूलतः गोवा में। भारत के देशी रजवाड़ों, बिखरते मुग़ल साम्राज्य और फिर यूरोप के प्रतिस्पर्धियों से गठजोड़ दाँवपेंच और युद्धों के लम्बे सिलसिले में

अंततः अंग्रेज़ों ने भारत में अपना राजनीतिक वर्चस्व कायम कर लिया। लेकिन फैलाव की शुरुआत उन्होंने भी अपने तटीय अड्डों से ही की थी। इसमें ख़ास महत्त्व के थे मद्रास (अब चेन्नई), बंबई (अब मुंबई), कलकत्ता (अब कोलकाता) और शुरू में मछलीपट्टम और सूरत। तट के ये स्थान जहाज़ से माल और सैनिकों के आने-जाने के दरवाजे तो थे ही, ज़रूरत पड़ने पर सुरक्षित बाहर निकल जाने का भी मौका प्रदान करते थे। यहीं ये अपनी फ़ौजी छावनियाँ भी सुरक्षित रख सकते थे और बाहर से आने वाले या बाहर ले जाने वाले माल का गोदाम भी स्थापित कर सकते थे। इसी क्रम में ऐसे तटीय अड्डे धीरे-धीरे अंग्रेज़ी व्यापार और अंग्रेज़ी वर्चस्व के केंद्र बन गये।

प्रारंभ में इन तटीय अड्डों की समृद्धि का आधार ईस्ट इंडिया कंपनी (जिसके हाथ अंग्रेज़ों के भारतीय व्यापार की इजारेदारी थी) का अकूत व्यापारिक मुनाफ़ा था, जो जैसाकि पहले बतलाया गया है, मूलतः भारत से मसालों और सूती वस्त्रों के निर्यात पर निर्भर था। लेकिन ब्रिटेन की औद्योगिक क्रांति के बाद छोटे पैमाने पर इन केंद्रों पर विशेषकर मुंबई, चेन्नई और कोलकाता में नये तरह का औद्योगिक उत्पादन भी शुरू हुआ। औद्योगिक क्रांति में वस्त्र उद्योगों की अग्रणी भूमिका थी, इसलिए इन स्थानों पर भी नयी तकनीक पर आधारित वस्त्र-उद्योग ही पहले पहल स्थापित हुए। भारत प्राचीन काल से ही कपास-उत्पादन का महत्त्वपूर्ण क्षेत्र था। सारे देश में कपड़े के लिए कपास की खेती होती थी, लेकिन पश्चिम भारत का पूरा क्षेत्र सिंध से गुजरात और महाराष्ट्र तक इसकी खेती के लिए विशेष तौर से उपयुक्त था। इसीलिए यहाँ की मिट्टी को अंग्रेज़ 'ब्लैक कॉटन सोआयल' कहा करते थे। उधर कलकत्ता की पार्श्वभूमि बंगाल में जूट के कपड़े के लिए, पटसन की खेती के लिए जमीन और जलवायु उपयुक्त थी। इसलिए मुंबई, मद्रास, अहमदाबाद आदि में सूती वस्त्रों के मिल बनाये गये। ब्रिटेन का वस्त्र-उद्योग गुलामी पर आधारित अमेरिका के कपास उत्पादन पर लगभग पूरी तरह निर्भर था। इसलिए जब 1861 में अमेरिका में गृहयुद्ध शुरू हुआ, जिसमें गुलामी का अंत एक प्रमुख मुद्दा था, तब अचानक अंग्रेज़ी वस्त्र-उद्योग में कपास का भारी अभाव हो गया। इस स्थिति से भारत के कपास उत्पादन और इस पर आधारित वस्त्र-उद्योग को तेज़ी से फैलने का मौक़ा मिला। इसी क्रम में मुंबई, अहमदाबाद आदि जो कपास-उत्पादन के प्रधान क्षेत्र में आते थे, नयी तकनीक पर आधारित सूती वस्त्र-उद्योग के बड़े केंद्र बन गये।

लेकिन किसी भी उद्योग की तरह कपड़ा-उद्योग के लिए भी कपास या पटसन तो मुख्य कच्चा माल होते हैं, लेकिन उद्योग के लिए दूसरे भी अनेक कारक

महत्त्वपूर्ण होते हैं; यथा रंगाई आदि के लिए कई तरह के रसायन, तकुए और करघे के निर्माण के लिए लकड़ी और लोहे, ईंधन के लिए कोयला तेल या बिजली और सबसे बढ़कर काम करने के लिए श्रमिक। और इन सबकी आपूर्ति के लिए ढुलाई के लिए यातायात। कोई अचरज नहीं कि उन्नीसवीं सदी के मध्य यानी 1853 से मुंबई से शुरू हो रेल यातायात देश के उन भागों में तेजी से फैला, जिन्हें इन नये औद्योगिक केंद्रों से किसी-न-किसी तरह की वस्तु की आपूर्ति के लिए जोड़ा जाना था। लेकिन जब ढुलाई के लिए रेल जैसे यातायात के साधन विकसित होते हैं तो वे अपने प्राथमिक उद्देश्य तक सीमित नहीं रहते। इससे वैसी अनेक वस्तुओं की ढुलाई भी शुरू हो जाती है, जिसकी पहले कल्पना नहीं की गयी हो। सबसे बढ़कर जहाँ भी नया यातायात गया, वहाँ पहले का आत्मनिर्भर उत्पादन और विपणन की व्यवस्थाएँ नष्ट होने लगीं। पहले भारत के सूती वस्त्र यूरोप के बाजार के लिए निर्यात किये जाते थे। अब ब्रिटेन से आने वाले नये उद्योगों के वस्त्र के साथ-साथ कोलकाता, मुंबई और चेन्नई में नये तरह के मिलों में उत्पादित वस्त्र भारत के दूर-दराज़ गाँवों में जाने लगे। चूँकि ये वस्त्र हाथ से बने वस्त्रों से सस्ते होते थे, या सस्ता कर दिये जाते थे, देश के लाखों गाँवों में वस्त्र-उत्पादन का प्राचीन ढाँचा पूरी तरह टूटकर समाप्त हो गया। भारत लोहा और इस्पात बनाने वाले दुनिया के प्राचीनतम देशों में था और यहाँ का इस्पात गुणवत्ता में अपना सानी नहीं रखता था। लेकिन अब नयी तकनीक से उत्पादित आयातित लोहा और इस्पात इतने सस्ते दाम पर और इतनी किस्मों में आने लगे कि भारत में इस्पात निर्माण की सारी पद्धति नष्ट हो गयी और इसके उत्पादन में लगे लोहार बेरोज़गार हो गये। जैसे-जैसे रेल परिवहन का विस्तार हुआ यह प्रक्रिया गहराती गयी और बाहर से आयातित होने वाले सस्ते, मिल में उत्पादित, जिन्सों ने देश के अनेक तरह के उद्यमों को नष्ट कर इनमें लगे लोगों को बेरोज़गार बना भूमिहीन खेतिहर मज़दूरों में तब्दील कर दिया।

अठारहवीं सदी के उत्तरार्ध से अंग्रेज़ों का आधिपत्य देश के बड़े भू-भाग पर कायम हो गया। कलकत्ता से फैलकर बंगाल, बिहार और अवध के बड़े हिस्से में अंग्रेज़ों का प्रत्यक्ष या परोक्ष अधिकार कायम हो गया था। मुग़ल सल्तनत दिल्ली के आसपास के कुछ इलाकों में सिमट गयी थी। बाकी हिस्सों में छोटे रजवाड़े स्वतंत्र या अंग्रेज़ों की कठपुतली के रूप में कायम थे। आधिपत्य के लिए इनमें आपस में या अंग्रेज़ों से लगातार संघर्ष होते रहे। इस क्रम में कृषि और सिंचाई और जल निकासी की पारंपरिक व्यवस्थाएँ विशेषकर अवध से लेकर बंगाल तक

के क्षेत्र में जहाँ अठारहवीं सदी के मध्य से अंग्रेज़ों का लगभग पूर्ण वर्चस्व था, पूरी तरह नष्ट हो गयीं। इससे भी बड़ी आपदा इस क्षेत्र में अंग्रेज़ों की टैक्स उगाही की व्यवस्था थी। इसमें कृषि की क्षमता को नज़रअंदाज़ कर मनमाने रेट से भूमि-कर वसूल किया जाता था। बाद में इस व्यवस्था को स्थायी बनाने के लिए जमींदारी की व्यवस्था कायम की गयी, जिसमें कुछ गिने-चुने स्थानीय सरदारों को किसानों से कर वसूलने का स्थायी अधिकार दे दिया गया और एवज़ में उन्हें जमीन पर, इससे भी बढ़कर किसानों के जीवन पर वैसे अनेक अधिकार दे दिये गये जैसे यूरोप में सामंती व्यवस्था के भीतर था—जैसे कौर्वे की तर्ज पर बेगार का अधिकार, जिसमें जमींदार किसान से मुफ़्त में अपनी खेती का या दूसरे तरह का काम करा सकते थे। यह शोषण की व्यवस्था इतनी असह्य हो गयी कि बहुत से किसान खेती छोड़ भागने लगे और कृषि की उपज बहुत घट गयी। इसी का नतीजा था कि गंगा, यमुना, गंडक, सरयू आदि अनेक नदियों से सिंचित पूर्वी उत्तर प्रदेश और बिहार के भू-भाग, जो कभी देश की सबसे समृद्ध कृषि-उत्पादन और संस्कृति के क्षेत्र थे, अकाल-क्षेत्र में तब्दील हो गये, इस तरह उन्नीसवीं सदी से जब यूरोपीय प्रभाव से देश के तटीय और इक्के-दुक्के ग़ैर-तटीय प्रदेशों में नये तरह के उद्यम स्थापित होने लगे तो कृषि के नष्ट होने और बार-बार के दुर्भिक्षों से कंगाल और बेरोज़गार लोगों की बड़ी सेना इन उद्यमों में काम करने के लिए उपलब्ध हो गयी। जैसाकि हमने पहले देखा है, ब्रिटेन में नये उद्योगों में श्रमिकों की आपूर्ति के लिए किसानों को अनेक तरह की ज़्यादतियों के ज़रिये उनकी भूमि से बेदख़ल कर कारख़ानों में काम करने के लिए मजबूर किया गया था। इसके विपरीत भारत में यह काम अंग्रेज़ों ने यहाँ के किसानों को कंगाल बनाये बिना किसी प्रत्यक्ष शक्ति-प्रयोग के संभव बनाया। ज़िन्दा रहने को किसी संभावना की तलाश में इस क्षेत्र के मेहनती किसान कोई भी काम करने को तैयार थे। बिहार और पूर्वी उत्तर प्रदेश के ग़रीब किसान और भूमिहीन मज़दूर आज तक दरिद्रीकरण और प्रवास की उस प्रक्रिया से नहीं उबर पाये हैं, जिसकी शुरुआत अठारहवीं-उन्नीसवीं सदी में हुई।

यही काल था, जब अंग्रेज़ न सिर्फ नये तरह के उद्योग खड़ा कर रहे थे, बल्कि भारत और दुनिया के दूसरे दूर-दराज़ के इलाक़ों में गन्ना, चाय, कहवा, तम्बाकू आदि के औद्योगिक ढंग के बड़े फ़ार्म बना रहे थे। कहीं-कहीं मॉरीशस जैसे स्थानों पर तो जहाँ कोई स्थानीय आबादी नहीं थी, इन फ़ार्मों पर काम करने के लिए बाहर से मज़दूर लाना पड़ता था। यही काल था, जब अंग्रेज़ बड़ी संख्या में

गिरमिटिया या बंधुआ मजदूरों के रूप में इस क्षेत्र के श्रमिकों को दुनिया के दूर-दराज़ फ़ार्मों में काम करने के लिए ले गये। इसी का नतीजा है कि आज भी मॉरीशस, फिजी, गायना, सूरीनाम, ट्रिनिडाड आदि देशों में भारतीय मूल के लोग मुख्य रूप से भोजपुरी भाषी इलाक़े के हैं। भोजपुरी पूर्वी उत्तर-प्रदेश और बिहार के पश्चिमी इलाक़े की भाषा है। इन्हीं लोगों ने इन देशों में हिन्दी भाषा की आधारशिला रखी है। इसी क्रम में उत्तर बंगाल और असम के हिमालय की पादभूमि में, जो चाय की खेती के लिए उपयुक्त थी, अंग्रेज़ों ने चाय के विशाल प्लांटेशन कायम किये। चूँकि इनमें काम करने के लिए स्थानीय लोग उपलब्ध नहीं थे, बड़ी संख्या में ठेकेदारों की मदद से छोटा नागपुर इलाक़े के आदिवासियों को इन प्लांटेशनों में स्थायी रूप से काम करने के लिए लाया गया। आज भी उन्हीं आदिवासियों के वंशज और कुछ नेपाली मज़दूर इन प्लांटेशनों के श्रमिकों के मुख्य भाग हैं। चाय के व्यापार को सुगम बनाने के लिए इन दुर्गम जंगल और पहाड़ों के क्षेत्र में अंग्रेज़ों ने रेल की पटरियाँ बिछाईं, जो असम के चाय बागानों और डिगबोई के पेट्रोलियम के कुओं को दूर-दराज़ कलकत्ता और देश के दूसरे भागों से जोड़ती हैं।

हालाँकि प्रथम रेल सेवा मुंबई से ठाणे तक 1853 में शुरू हुई। कोलकाता के आस-पास इसके ताना-बाना का सबसे तेज़ विकास हुआ। इसके दो कारण थे। एक तो कोलकाता के पास रिसरा में ही सबसे पहले 1859 में आधुनिक ढंग का जूट मिल बना और इसके बाद कोलकाता के आस-पास का इलाका जूट उद्योग का प्रधान केंद्र बन गया। हालाँकि बाद में मुंबई कपास के कपड़ों का प्रमुख केंद्र बना। कोलकाता के पास फोर्ट ग्लौस्टर में सबसे पहला सूती कपड़ा उत्पादन का आधुनिक मिल स्थापित हुआ।

कोलकाता न सिर्फ़ अब ईस्ट इंडिया कंपनी का प्रशासनिक केंद्र था बल्कि नये तरह के उद्योगों के केंद्र के रूप में भी विकसित हो रहा था। इन मिलों के लिए इसके पड़ोस में ही शक्ति का स्रोत कोयला बड़ी मात्रा में उपलब्ध था। इस तरह कोलकाता को झारखंड के झरिया, धनबाद और पश्चिम बंगाल के रानीगंज के विशाल कोयला तथा दूसरे खनिज पदार्थों के उत्पादन के क्षेत्र से जोड़ दिया गया। फिर रेलमार्ग से इन स्थानों को चेन्नई और मुंबई से जोड़ा गया, जो फिर उड़ीसा के खनिज क्षेत्र एवं छत्तीसगढ़, बिलासपुर के खनिज क्षेत्रों से होता हुआ नागपुर और मुंबई को जोड़ता था। झारखंड और पश्चिम बंगाल के कोयला क्षेत्र में काम करने के लिए स्थानीय आदिवासियों के अलावा बिलासपुर, पूर्वी उत्तर प्रदेश और

बिहार के अकाल क्षेत्र के मजदूर बड़ी संख्या में अब मज़दूरी के लिए रेल मार्गों से आ जाते थे। इस तरह देश की आबादी को यातायात की ज़रूरतों को पूरा करने के लिए नहीं, बल्कि चाय की ज़रूरत एवं प्लांटेशनों, कोलकाता, चेन्नई, मुंबई आदि नगरों के उद्योगों की ज़रूरत पूरा करने के लिए, ईंधन और श्रमिकों की आपूर्ति को ध्यान में रखकर ही ये रेलमार्ग विकसित किये गये। घनी आबादी वाले बड़े हिस्से में रेलमार्गों का विस्तार काफ़ी बाद में हुआ और मुख्य रूप से वहाँ के, उपभोक्ता बाज़ार की ज़रूरत पूरा करने के लिए था एवं बढ़ती बेरोज़गारी से काम की तलाश में महानगरों की ओर भागते हुए लोगों को नये उद्योगों तक पहुँचाने के लिए।

रेल-यातायात से तटीय क्षेत्रों में विकसित हो रहे व्यापारिक, औद्योगिक केंद्रों को कच्चे माल, ईंधन एवं श्रमिक आपूर्ति करने वाले विशाल आंतरिक क्षेत्रों से जोड़ देने के बाद से इन औद्योगिक केंद्रों का आधुनिक औद्योगिक केंद्रों के विकास के एक अन्तरभूत नियम के तहत फैलाव शुरू हुआ। ये केंद्र जब एक बार अस्तित्व में आ जाते हैं तो इनमें काम करने वाले श्रमिकों और स्वयं कारख़ानों के उत्पादन की ज़रूरतों के लिए कुछ आवश्यक संरचनाओं का अस्तित्व में आ जाना अपरिहार्य हो जाता है। सबसे पहले तो काम में लगे लोगों के लिए जीवन के लिए मूलभूत आवश्यकताओं की पूर्ति के लिए बाजार का अस्तित्व में आना। इसके लिए आस-पास या स्वयं अस्तित्व में आये औद्योगिक नगर में इनके लिए आवश्यक वस्तुओं की आपूर्ति करने वाले उद्योग अस्तित्व में आ जाते हैं। फिर इस आबादी के लिए जल, सड़क, प्रकाश, कचरे की सफाई और उद्योगों के लिए आवश्यक, प्रशिक्षण आदि के लिए आधारभूत संरचनाओं का निर्माण अपरिहार्य हो जाता है। उद्योगों में निर्मित वस्तुओं को दूर-दराज़ बाज़ारों में पहुँचाने के लिए अतिरिक्त परिवहन और संचार सेवाओं का विस्तार होता है। इस तरह की सुविधाओं के विकास के बाद ये क्षेत्र दूसरे उद्यमियों के लिए आकर्षण का केन्द्र बन जाते हैं। मूलतः कारण यह है कि पूँजीवादी उत्पादन और विपणन की व्यवस्था लोकहित में तो होती नहीं, इसका एकमात्र उद्देश्य ज़्यादा-से-ज़्यादा मुनाफ़ा कमा पूँजी का विस्तार करना होता है। इसलिए उन केंद्रों के आस-पास जहाँ मूलभूत संरचनाओं का विस्तार हो चुका है, उद्योग लगाने के लिए इन सुविधाओं पर अतिरिक्त निवेश की ज़रूरत नहीं होती। इसलिए दीमकों या चींटियों की बांबियों की तरह ये एक ही जगह फैलते जाते हैं, बाहर के संसाधनों को जज़्ब करते हैं और चारों ओर कूड़े-कचरे का अंबार लगाते जाते हैं। इनसे छुटकारा पाना एक

अतिरिक्त सेवा बन जाती है और फिर इसके लिए लोगों को नये रोज़गार मिल जाते हैं। इसी का नतीजा है कि एक जगह औद्योगिक विकास की प्रक्रिया शुरु होने पर कस्बे नगर में और नगर महानगर में लगातार फैलते चले जाते हैं। इसी प्रक्रिया का नतीजा है कि मुंबई, कोलकाता आदि फैलते-फैलते करोड़ों की आबादी वाले नगर बन गये हैं और इनकी फैलती आबादी, कूड़े-कचरे और प्रदूषण का नियंत्रण नगरीय प्रशासन के बूते के बाहर हो गया है और अब ये प्रशासनिक व्यवस्था की जगह पुलिस, कानून और न्यायिक व्यवस्था का मामला बन गया है। लेकिन चूँकि पूँजीवादी व्यवस्था में अधिक-से-अधिक मुनाफ़ा और संचय ही सर्वोपरि जीवन-मूल्य है, सभी जगह औद्योगिक केंद्रों का विकास इसी पैटर्न पर होता है, औद्योगिक मनुष्य कूड़ा-कचरा और प्रदूषण फैलाने का केंद्र बन जाता है।

लेकिन इन औद्योगिक केंद्रों के बाहर की दुनिया एक विपरीत प्रक्रिया से गुज़रती रही है। जैसे-जैसे रेलवे और दूसरे यातायात का ताना-बाना फैला और नये उद्योगों के सस्ते उत्पाद इन औद्योगिक नगरों की पार्श्वभूमि (हिंटरलैंड) में फैलते गय़े जीवन के लिए आवश्यक वस्तुओं का उत्पादन करने वाले उद्योग नष्ट हो गये। उद्योगों के नष्ट होने की प्रक्रिया इतनी तेज़ी से फैली कि उन्नीसवीं सदी के सौ साल में भारत के सारे पारंपरिक कारोबार—जिनसे हजारों बरस से लोग अपनी ज़रूरत पूरा करते आ रहे थे, नष्ट हो गये और देश के आर्थिक जीवन में घोर रिक्तता पैदा हो गयी और से एवं रिकार्डो का यह सिद्धांत कि उत्पादन स्वयं अपने लिए बाज़ार बनाता है, एक सीमित अवधि और स्थान के लिए सही साबित हो गया। देश के पारंपरिक उद्यमों के नष्ट हो जाने से नये उद्योगों के उत्पादों के लिए एक बड़ा बाज़ार पैदा हो गया—अतिरिक्त मूल्य के सिद्धिकरण का विशाल क्षेत्र, जिससे भारत में औद्योगीकरण के प्रारंभिक दिनों में बाज़ार की समस्या नहीं रही। वह तीसरा क्षेत्र, जो रोजा लक्जमबर्ग जैसे मार्क्सवादी चिंतकों के लिए अध्ययन का ख़ास विषय था, अचानक अस्तित्व में आ गया। भारत के नये स्थापित औद्योगिक केंद्रों को एक विशाल आंतरिक उपनिवेश उपलब्ध हो गया, जहाँ से वे मनमाने ढंग से और अपनी शर्त पर खनिज, वनोपज, कृषिजन्य कच्चे माल यथा कपास, जूट या तम्बाकू तथा नगरों की आबादी के भोजन की आपूर्ति के लिए सस्ता अनाज पा सकते थे। यह प्रक्रिया शुरू में इतनी सफल रही कि अंग्रेज़ों के तटीय औद्योगिक केंद्रों की तर्ज पर स्थानीय सुविधा के हिसाब से भीतर के कुछ क्षेत्रों में भी इक्के-दुक्के केंद्र यथा कानपुर, नागपुर, सोलापुर आदि और कालांतर में देश का राजधानी क्षेत्र दिल्ली का तेज़ विकास इसी ढाँचे पर हुआ और इनके विकास की गति फिलहाल चरम बिंदु पर है।

लोगों की दैनंदिन की ज़रूरतों को पूरा करने वाले अनेक उद्यमों के नष्ट हो जाने से इसमें लगे शिल्पी अचानक भूमिहीन मज़दूर की श्रेणी में डाल दिये गये। पहले भी ज़मीन इनकी आजीविका का आधार नहीं था। ये शिल्पी थे, जो अपने शिल्पों से समाज की ज़रूरतों को पूरा करते थे और बदले में आजीविका के लिए आवश्यक आय अर्जित करते थे। अब इनके शिल्प और कौशल की कोई उपयोगिता नहीं रह गयी। अब ये अकुशल मज़दूर बन गये, जिनके लिए खेतों में दिहाड़ी मज़दूर के रूप में काम करने या घरेलू धंधा करने को छोड़ कोई विकल्प नहीं था। अनेक शिल्पी जातियाँ, जैसे नुनिया, जो पहले नमक, शोरा, खाड़ी आदि बनाते थे। लोहार, ठठेरा, कुम्हार जैसी जातियाँ, जो पहले लोहे के औजार, हल, धातुओं के बर्तन, मिट्टी के घड़े या दूसरे बर्तन बनाते थे; बढ़ई, जो लकड़ी का सामान बनाते थे; तांती या तंतमा एवं बुनकर, जो कपड़े बुनने का काम करते थे; धुनिया एवं रंगसाज, जो क्रमशः कपास की धुनाई और रंगाई का काम करते थे; मोची, जो चमड़े का सामान बनाते थे; धोबी, जो पारंपरिक ढंग से रेह और राख आदि से कपड़े की धुलाई करते थे; सोनार, जो सोने-चाँदी के गहने बनाते थे और सिक्के की ढलाई करते थे, सभी अपना पारंपरिक रोज़गार खोकर अकुशल मज़दूर की श्रेणी में डाल दिये गये।

इस तरह रोजगार की तलाश करने वाले श्रमिकों की एक दूसरी पीढ़ी तैयार हुई। पहली पीढ़ी जैसाकि हम देख चुके हैं पारंपरिक कृषि-व्यवस्था के नष्ट होने से तैयार हुई थी। ये सभी बेरोज़गार लोग नये औद्योगिक नगरों में रोजगार की तलाश में पहुँचने लगे। चूँकि पुराने उद्योगों के नष्ट होने से जिस बड़े पैमाने पर लोग बेरोज़गार हुए थे, उसके हिसाब से नयी तकनीक पर आधारित उद्योगों में बहुत थोड़े से लोगों को रोज़गार दिया जा सकता था, पुराने उद्योगों से विस्थापित लोगों के एक बहुत छोटे हिस्से को ही संगठित औद्योगिक क्षेत्रों में काम मिल सकता था। बाकी लोग बेरोज़गारों की एक बड़ी घुमक्कड़ी भीड़ का हिस्सा बन गये। जो भवन एवं सड़क आदि के निर्माण में या दूसरी तरह के दिहाड़ी कामों, यथा बोझ ढोने या नगर के संपन्न लोगों के घरों में चाकरी की तलाश में घूमते नज़र आने लगे। यूरोप के औद्योगीकरण के काल में श्रमिकों के जिस अभाव का सामना वहाँ करना पड़ा था, जिसके चलते औरतों और बच्चों को अठारह-अठारह घंटे उद्योगों में काम करना पड़ता था, वह स्थिति यहाँ नहीं थी। लगातार काम की ज़रूरत से कई गुना लोग काम की तलाश में रहते थे।

बेरोज़गारी की एक तीसरी तरंग तब शुरू हुई, जब कृषि का मशीनीकरण शुरू हुआ यानी जुताई के लिए ट्रैक्टर और फसल काटने के लिए हार्वेस्टर लाये गये।

इसके अलावा फ़सलों से अनाज निकालने के लिए थ्रेसर और स्थानीय ढुलाई के लिए बैलगाड़ियों की जगह ट्रेलर लगे ट्रैक्टरों और छोटी ट्रकों का इस्तेमाल होने लगा। गाँवों में खेती के लिए स्थायी रूप से सबसे ज़्यादा लोग हल-बैल की खेती और मवेशियों के रख-रखाव पर काम पाते थे। अब अचानक उनके स्थायी रोज़गार का आधार खत्म हो गया। बीज, खाद आदि डालने या समय-समय पर निकौनी का काम मौसम के कुछ हिस्सों में ही होता है। इससे बाक़ी समय मज़दूर बेकार रहते हैं। इस अनियंत्रित और अल्प आय की व्यवस्था से निजात पाने के लिए लोग गाँव छोड़ शहरों की ओर पलायन करने लगे। इस तरह थोड़े से आर्थिक विकास के केंद्र विकसित हुए जहाँ नये तरह के उद्योगों का तेज़ी के साथ विकास हुआ और पारंपरिक उद्योग और कृषि-व्यवस्था नष्ट होने से बाक़ी स्थानों के लोग बेरोज़गार हो इन औद्योगिक केंद्रों की ओर आजीविका की तलाश में आने लगे। ब्रिटेन और पश्चिमी देशों के आदिम संचय की प्रक्रिया के विपरीत, जहाँ बल प्रयोग से पहले किसानों को इन्क्लोजर के ज़रिये ज़मीन से निकाल फिर जोर-ज़बर्दस्ती और दबाव से नये उद्योगों में लगाया जाता था, अब आर्थिक कारणों से विस्थापन के एक के बाद एक कई तरंग आते गये और गाँव का स्वस्थ मानव संसाधन अभाव की मार से नगरों की गंदी बस्तियों, झोंपड़पट्टी या झुग्गियों की दुनिया आबाद करने लगा।

इस प्रक्रिया में जिन महानगरों का अत्यधिक विस्तार हुआ, उनमें है सबसे आगे कोलकाता, मुंबई, चेन्नई, दिल्ली और बाद में बंगलौर, हैदराबाद आदि। इनमें दिल्ली इसलिए, क्योंकि राजधानी होने के कारण आधारभूत संरचनाओं एवं यातायात का केंद्र बन गया था और बंगलौर और हैदराबाद परवर्ती काल में सूचना उद्योगों के कारण आउटसोर्सिंग की सुविधा और इसमें रोज़गार की संभावना से अचानक बहुत फैल गये। जैसाकि पहले बतलाया गया है, पूँजीवादी उद्योग प्रायः वहीं पसरते जाते हैं, जहाँ एक बार इनकी शुरुआत होती है और इससे आधारभूत संरचनाओं का विस्तार होता जाता है। लेकिन कुछ दूसरे ऐसे उद्योग, जिनमें ईंधन और अयस्कों के लिए भारी पैमाने पर ढुलाई आवश्यक बन जाती है—जैसे इस्पात, अल्युमिनियम, सीमेंट और अन्य धातु—उन स्थानों पर स्थापित किये गये जहाँ कोयला, लौह अयस्क, बाक्साइट तथा चूना के पत्थर आदि पाये जाते थे। फिर इनके इर्द-गिर्द नगरों का विस्तार हुआ—इसी क्रम में 1907 में भारत का प्रथम आधुनिक इस्पात कारख़ाना वर्तमान झारखंड के जमेशदपुर में और फिर प. बंगाल के बर्नपुर में स्थापित हुआ। फिर इन्हीं के इर्द-गिर्द दूसरे संबद्ध उद्योग लगे।

लेकिन ऐसे नगरों के फैलाव पर इनकी भौगोलिक स्थिति से एक सीमा लग जाती है और इनका विस्तार मुंबई, पुणे क्षेत्र या दिल्ली, गुड़गाँव, नोएडा या कोलकाता जैसा नहीं हो पाया।

कुल मिलाकर एक स्थायी आंतरिक औपनिवेशिक ढाँचे की तस्वीर उभरी, जहाँ एक तरफ कुछ नगरीय-उपनगरीय समृद्धि के क्षेत्र उभरे और देश के तमाम दूसरे हिस्से, जहाँ खनिज एवं जंगल के क्षेत्र या खेती की ज़मीन थी, वीरान और विपन्न होते गये। अंग्रेज़ी हुकूमत का पहला केंद्र कोलकाता और इसके आस-पास के कुछ भू-भाग में, जहाँ एक तरह की समृद्धि आयी, वहीं बिहार और उड़ीसा, जो कभी बंगाल प्रेसिडेंसी के हिस्सा थे तथा उत्तर बंगाल के कृषि-क्षेत्र और झारखंड का सीमावर्ती क्षेत्र, जो आदिवासी बहुल वन्य प्रदेश था, घोर ग़रीबी की स्थिति में बने रहे। जहाँ महाराष्ट्र के मुंबई-पुणे क्षेत्र में तेज़ औद्योगिक विकास हुआ, वहीं इसका विदर्भ का हिस्सा पिछड़ा और ग़रीब बना हुआ है और क़र्ज़ के बोझ से किसानों की सर्वाधिक आत्महत्याएँ यहीं होती रही हैं। असम चाय और क़ीमती वनोपजों का निर्यातक बन आधुनिक दृष्टि से एक पिछड़ा राज्य बना हुआ है। कभी यह भी बृहत् बंगाल प्रांत का हिस्सा बना हुआ था। आंध्र प्रदेश के तटीय हिस्से तो विकसित हुए, लेकिन, तेलंगाना एक अत्यंत पिछड़ा इलाक़ा बना रहा। एक हद तक तो इसमें भौगोलिक बनावट और कृषि की उपज के फर्क़ का भी हाथ है। लेकिन मुख्य कारण यह रहा कि विकास का सारा ध्यान उस हिस्से पर केंद्रित था, जो वाणिज्य की दृष्टि से सबसे लाभदायक कृषि-उत्पाद के लिए उपयुक्त थे यानी कृष्णा, गोदावरी आदि से सिंचित हिस्से या तटीय प्रदेश, जिनमें विशाखापट्टनम जैसे जहाज़रानी और उद्योग के केंद्र थे। ज्ञातव्य है कि पश्चिमी देशों से व्यापार का सबसे पहला केंद्र आंध्र का मछलीपट्टम का समुद्र तट था।

नयी उभरती औद्योगिक व्यवस्था से जुड़ने से ग्रामीण समाज पर एक नया संकट आया। तमाम उपेक्षाओं के बावजूद ग्रामीण क्षेत्रों के किसान अपनी ज़रूरत की खाद्य-सामग्रियों और कुछ दूसरी ज़रूरत की वस्तुएँ भी अपनी खेती से प्राप्त कर लेते थे। यह ज़रूर था कि भोजन के अलावा दूसरी आवश्यक वस्तुओं के लिए उन्हें थोड़ा-बहुत बाहरी बाज़ार पर निर्भर करना पड़ता था। अब औद्योगिक दुनिया, यानी संसार के बाज़ार से जुड़ने की चाहत या मजबूरी ने उनकी बची-खुची आत्मनिर्भरता को भी नष्ट कर दिया। वैसे तो वाणिज्य के लिए खेती औद्योगिकीकरण के प्रारंभिक दौर में ही शुरु हो गयी थी; जैसे कपास, गन्ना, तम्बाकू आदि की खेती। लेकिन यह खेती मूलतः लोगों के भोजन या दूसरी ज़रूरत की वस्तुओं की

आवश्यक उपज के बाद की जाती थी। अंग्रेज़ों ने भारत पर अपना वर्चस्व कायम करने के बाद खेती के प्रति परंपरा से चली आ रही इस दृष्टि को बदलना शुरू किया। चम्पारण में किसानों की बीघे में तीन कट्ठा जमीन पर नील की खेती करने को मजबूर किया जाता था। यही एक मुद्दा था, जिसे महात्मा गाँधी ने चंपारण के अपने आंदोलन में मुख्य रूप से उठाया था।

आत्मनिर्भर ग्रामीण व्यवस्था के टूटने और बाज़ार पर विविध वस्तुओं के लिए निर्भरता से पैसे का महत्त्व बढ़ा और इससे वाणिज्य के लिए खेती करने का रुझान भी बढ़ा। फिर भी बीसवीं शताब्दी के पूर्वार्द्ध तक खेती लोगों के लिए और कुछ दूसरी मूल आवश्यकताओं के लिए ही होती थी। बीसवीं शताब्दी के मध्य भाग में गहराते खाद्य संकट के कारण भी अन्न तथा भोजन की दूसरी सामग्रियों के उत्पादन पर ज़ोर रहा। लेकिन बीसवीं सदी के अंतिम चरण से जब से तथाकथित उदारीकरण का दौर शुरू हुआ, खेती को वाणिज्य की दिशा में पूरी तरह मोड़ने की कोशिश हुई। लेकिन वाणिज्य के लिए कृषि-उत्पादन का एक नकारात्मक पक्ष जल्द ही उजागर होने लगा। जैसे-जैसे किसानों की खेती तिलहन, जिससे सरसों, अलसी, सोयाबीन, मूँगफली, सूर्यमुखी, नारियल आदि आते थे और कपास आदि के उत्पादन पर निर्भर होने लगी, वाणिज्य आधारित खेती के खतरे भी सामने आने लगे। बीसवीं सदी के उत्तरार्ध में तथाकथित उदारीकरण की नीति के तहत भारत के बाज़ार को विदेशी वस्तुओं के लिए बड़े पैमाने पर खोला जाने लगा। इससे विदेशों से आयातित सस्ते पाम ऑयल तथा दूसरे तेलों के सामने जिनका बड़े पैमाने पर साबुन, वनस्पति तेल तथा दूसरे उत्पादों में प्रयोग होता था—घरेलू-तिलहन उत्पादकों की स्थिति डाँवाडोल होने लगी। इसी तरह प्लांटेशन की अर्थ-व्यवस्था, जिसमें चाय, कहवा, कोकोआ, और रबर प्रमुख थे, विदेशी आयात से बुरी तरह प्रभावित होने लगे। खुली बाज़ार-व्यवस्था का एक आयाम यह भी था कि विदेशी बीज निर्माता कंपनियों को भारतीय कृषि को प्रभावित करने की खुली छूट मिल गयी और ऐसे बीज किसानों को दिये जाने लगे, जिन्हें किसान खुद अपने खेतों में नहीं उगा सकते थे। इससे वे विदेशी कंपनियों पर पूरी तरह निर्भर हो इन बीजों के लिए भारी कीमत चुकाते थे। इनसे पैदा फ़सलों का दूसरी स्थानीय फ़सलों और पर्यावरण पर होने वाले दुष्परिणाम बार-बार चर्चा में आने लगे। इनसे निपटने के लिए किसानों को अतिरिक्त बोझ उठाना पड़ता था।

ऐसा भी नहीं है कि वाणिज्य पर निर्भरता से कृषि पर क्या बुरा परिणाम हो सकता है और पूरी अर्थव्यवस्था और सामाजिक जीवन पर पड़ने वाले इसके

दुष्परिणाम क्या हो सकते हैं, इसकी जानकारी बिल्कुल नयी है। जो कुछ भारत में हो रहा है, वह दूसरी जगहों पर और विशेषकर अफ़्रीका महादेश के देशों में पहले भी हो चुका है और वहाँ के कुछ देशों की स्थायी आपदा का कारण बना हुआ है। वहाँ की बदहाली में हम भारत में उभरती हुई तस्वीर का कुछ अनुमान लगा सकते हैं और देख सकते हैं कि वैश्विक व्यापारिक संबंध की परिणति ग़ैर-औद्योगिक व्यवस्थाओं पर कैसी पड़ती है।

एक अमेरिकी पत्रकार और लेखक वैसिल डेविड्सन ने 1964 में, जब अफ़्रीका महादेश अपनी औपनिवेशिक विरासत तोड़ने लगा था, अपनी पुस्तक 'व्हिच वे अफ़्रीका' में यूरोप और अफ़्रीका के बीच के औपनिवेशिक संबंधों का यह सार प्रस्तुत किया :

"यह वाणिज्यकीय संबंध एक या दूसरे रूप में लगभग चार शताब्दी तक कायम रहा। प्रारंभ में अफ़्रीकी सोना, हाथी दाँत एवं मरीच और फिर बदले में यूरोपीय सूती वस्त्र और धातु के बर्तनों से शुरू हो यह व्यापार थोड़े ही दिनों में अफ़्रीकी मूल के लोगों को थोक रूप में बन्दी बना निर्यात करने में संलग्न हो गया जिनसे ब्राजील, कैरेबियाई, केन्द्रीय और उत्तरी अमेरिकी खदानों और प्लांटेशनों में गुलाम बना काम कराया जाने लगा।" (जैसाकि हम पहले देख चुके हैं, भारत में सीधे गुलाम बनाने की बजाय अर्धगुलामी की व्यवस्था गिरमिटिया मज़दूर बनाने की प्रक्रिया से लोगों को प्लांटेशनों और खदानों में काम करने के लिए ले जाया गया था—लेखक)

"अफ़्रीका के लिए यह मानव-व्यापार घोर आपदा थी। लेकिन यूरोप के लिए यह धन का बहुत बड़ा स्रोत बन गया। अपने संपर्क के इस दूसरे चरणों में (और एक हद तक इसी के कारण) इंग्लैंड और फ्रांस में औद्योगिक क्रान्ति की शुरुआत हुई।"

"यूरोपीय संपर्क के तीसरे दौर में गुलामों के निर्यात के व्यापार पर रोक लगा दी गयी, यूरोपीय साम्राज्यवाद और यूरोपीय देशों की आपसी प्रतिस्पर्धा की शुरुआत हुई .... और इससे औपनिवेशिक आक्रमण और बँटवारे का सूत्रपात हुआ, जिसके अंत में एक चौथा काल सत्तर या अस्सी साल पहले शुरू हुआ।"[1]

डेविड्सन के अनुसार मनुष्यों से सूना करने की इस प्रक्रिया को भी अफ़्रीका झेल लेता, लेकिन जिस चीज़ ने जीवन को नष्ट किया, वह अफ़्रीका में उनकी आर्थिक दखलन्दाज़ी थी। इसका मूल स्वरूप था, सफ़ेद लोगों द्वारा अफ़्रीका के

1. Basil Davidson, *Which Way Africa*?, Penguin Books, 1964, p.36

विशाल भूखंडों को अधिग्रहीत कर ऐसा रिजर्व (आरक्षित) क्षेत्र बना देना, जिन रिजर्व क्षेत्रों में अफ़्रीकी मूल के लोग न तो खेती कर सकते थे और न रह सकते थे। रोडेसिया और दक्षिणी अफ़्रीका इसके नमूना थे, लेकिन कुछ अंश में केन्या और अल्जीरिया का उल्लेख करना विशेष रूप से प्रासंगिक है, क्योंकि बाद में भारत और दुनिया के दूसरे देशों में भी पारंपरिक कृषि के स्थान पर वाणिज्य के लिए खेती की तरफ़ संक्रमण के जो दुष्परिणाम दिखाई देते हैं, उसका पूर्वाभास अल्जीरिया में देखा जा सकता है। बेसिल डेविड्सन लिखते हैं :

"अफ़्रीका के दूसरे छोर पर अल्जीरिया घेराबन्दी (इन्क्लोजर) से बरबादी का दूसरा नज़ारा पेश करता है। यहाँ भी बरबादी का वास्तविक कारण व्यक्तियों के निजी लोभ की बजाय जो व्यवस्था बनायी गयी थी, वही थी। फ़्रांसीसियों द्वारा सघन रूप से अधिग्रहण के पहले अल्जीरिया की तटीय उच्च भूमि खाद्य सामग्रियों का लाभकारी उत्पादक थी—विशेषकर अन्न और मांस का उत्पादन। लेकिन यहाँ बसने आये फ़्रांसीसियों को स्थानीय बाज़ार के लिए अन्न पैदा करने में कोई दिलचस्पी नहीं थी। ये लगभग पूरी तरह शुरू से ही निर्यात के लिए शराब-उत्पादन में लग गये। इसके लिए अंगूर की खेती 1830 के 4000 एकड़ से बढ़कर 1953 में 750,000 एकड़ पर होने लगी।"[1]

अल्जीरियाइयों को नयी भूख का सामना करना पड़ा। जहाँ खाद्यान्न की उपज 1880 के बराबर बनी रही। वहीं आबादी (आधुनिक दवा के प्रभाव से) इसी काल में लगभग तीन गुनी हो गयी। यह अनुमान किया गया है कि औसत अल्जीरियाई को जहाँ 1871 में सालाना पाँच क्विंटल खाद्यान्न प्राप्त होता था, 1900 में चार क्विंटल, वहीं 1940 में मात्र 2½ क्विंटल .....।[2]

आगे वाणिज्य के लिए खेती के प्रभावों के बारे में वह लिखते हैं :

"...हम लोग देख चुके हैं कि अल्जीरिया में इसका क्या नतीजा हुआ है (इसके पहले अर्द्ध-औपनिवेशिक मिस्र में खाद्य-पदार्थ की जगह कपास की पैदावार ने इससे भी अधिक दिल दहलाने वाली ग्रामीण आपदा का चित्र प्रस्तुत किया था)। गोल्ड कोस्ट में कोकोआ के निर्यात से काफी धन अर्जित किया गया था। लेकिन कृषि के दूसरे क्षेत्रों में फ़सल की स्थिति खराब होती गयी थी : 1961 में ही घाना (गोल्ड कोस्ट समेत कुछ और भू-भागों को मिलाकर बना नया देश) को मूलतः कोकोआ के निर्यात से, सिर्फ खाद्य-पदार्थ के आयात पर 2.6 करोड़ पाउण्ड

---

1. वही, पृष्ठ 39।
2. वही।

ख़र्च करना पड़ा था। दूसरे देश, जिनके पास घाना जैसी संपदा नहीं थी, लेकिन खाद्य-पदार्थ आयातित करने की ज़रूरत थी, इस स्थिति में नहीं थे कि आयात कर सकें। दक्षिण रोडेसिया में बड़ी मात्रा में अच्छी भूमि पर तम्बाकू उपजाया जाता था, एक ऐसी फ़सल, जिससे अफ़्रीकी लोगों को दक्षिण अफ़्रीका की मज़दूरी की तुलना में अत्यधिक कम रेट पर मज़दूरी करने को छोड़ कोई विकल्प नहीं था। बेल्जियन कांगो भी ऐसी ही मिसाल पेश करता था : खाद्यान्न पैदा करने वाली अच्छी भूमि और श्रम को स्थानीय खाद्यान्न पैदा करने से हटाकर निर्यात किये जाने वाली फ़सलों में लगा दिया गया। पुर्तगाली औपनिवेशिक नीति ने अंगोला और मोजाम्बिक के बड़े हिस्से पर कपास की खेती लाद दी है।"[1] आगे वह एक विशप के हवाले से बताता है कि कैसे इससे दुर्भिक्ष की स्थिति पैदा हो गयी।

भारत में 1960 के दशक में कृषि की कुछ ऐसी ही स्थिति के कारण अन्न आयात की मजबूरी पैदा हुई और पी. एल. 480 के तहत मदद के रूप में रियायती दर पर अन्न आयात की नौबत आ गयी। इस सदमे के बाद तथाकथित हरित क्रांति के तहत अन्न उत्पादन के मामले में भारत एक हद तक आत्मनिर्भरता की ओर बढ़ा। लेकिन वाणिज्य के लिए खेती पर ज़ोर ने अन्न उत्पादन की वृद्धि को बाधित किया है और 2006 आते-आते फिर अन्न आयात करने की नौबत आ गयी है। इसके बावजूद हर दिन वाणिज्य की दृष्टि से फायदेमंद होने वाली खेती की बात होती रहती है। इधर बायो-डीजल के लिए जठरोपा की खेती फैलाने और स्थानीय उत्पादन बढ़ाने की चर्चा भी होती रहती है। यह ज्ञातव्य है कि भारत में कर्ज़ के बोझ से आत्महत्या करने वाले किसानों की सबसे अधिक संख्या उन्हीं इलाक़ों में है, जहाँ नये क़िस्म के आयातित बीजों से कपास की खेती को प्रोत्साहित किया गया था। उदारीकृत नयी व्यवस्था पुरानी आपदा की पुनरावृत्ति की ज़मीन तैयार करती है।

अफ़्रीका में व्यापार आधारित कृषि खनन और उद्योगों के नये विस्तार का प्रभाव पुरानी कृषि-व्यवस्था को नष्ट करने की दिशा में पड़ा और इससे आबादियों के विस्थापन और प्रवासी मज़दूरों की समस्या पैदा हुई। बेसिल डेविड्सन लिखते हैं :

"...साल-दर-साल, महादेश के एक छोर से दूसरे छोर तक अनगिनत सैकड़ों और हज़ारों लोग एक अंचल से दूसरे अंचल तक पाँव पैदल आते-जाते देखे जा

1. वही, पृष्ठ 84।

सकते हैं : अपवादस्वरूप भविष्य में काम देने वाले कुछ ऐसे मालिक, जैसे दक्षिण अफ़्रीका के सोने के खदानों के मालिकों, जिन्होंने प्रवासी मज़दूरों की व्यवस्था को इतना दुरुस्त कर लिया है कि इसके लिए लॉरी, रेल और हवाई यातायात तक उपलब्ध हैं।

सरहद और सीमाएँ, बन्द या खुली, मज़दूरी की तलाश में भटकने वाले इन लोगों के लिए कोई बाधा नहीं थी : सिर्फ पैसे कमाने की मजबूरी (प्रारंभ में टैक्स भुगतान के लिए, बाद में परिवार को ज़िंदा रखने के लिए) उन्हें सभी बाधाओं के पार ढकेलती रहती है। उदाहरणस्वरूप एक औसत वर्ष में वसुतोलैंड की आधी स्वस्थ आबादी सदा दक्षिण अफ़्रीका में कार्यरत रहती है। न्यासालैंड का अनुपात लगभग इतना ही ऊँचा है। तंजानिया हर साल रुआंडा, उरुंडी और मोजाम्बिक से 40,000 प्रवासियों को आकर्षित करता है। पश्चिमी अफ़्रीका में आइवेरी कोस्ट की प्लांटेशन अर्थव्यवस्था पड़ोस के अपर वोल्टा के श्रमिकों पर निर्भर है, इससे भी अधिक संख्या में, सालाना अपर वोल्टा से किसान घाना जाते हैं। अफ़्रीका के नक्शे पर इस सालाना आवाजाही के पथ मकड़े के जाल का दृश्य उपस्थित करते हैं।

विविध दिशाओं में होने वाली इस आवाजाही के दूरगामी सामाजिक परिणाम होते हैं, और इनमें किसी को भी शुभ नहीं कहा जा सकता। एक परिणाम तो वैसे ग्रामीण क्षेत्रों का ह्रास है। जहाँ कभी संख्या का आधिक्य ग़रीबी का कारण नहीं था। उन्हीं लोगों की अनुपस्थिति से जो इस सब हालत को ठीक कर सकते थे, पारंपरिक अनुशासन का लोप हो गया है।"[1]

इन सारी प्रक्रियाओं में हम बेशी मूल्य के सिद्धिकरण का प्रयास देख सकते हैं। पहले चरण में उपनिवेशों की अर्थव्यवस्था में भारी निवेश से यह सिद्धिकरण होता है। एवज़ में काम करने वाले स्वस्थ आदमी और कृषिजन्य वस्तुएँ, खनिज और वनोपज प्राप्त होते हैं। फिर दूसरे चरण में जब पूँजीवादी व्यवस्था इन उपनिवेशों में जड़ जमाती है तो बेशी मूल्य के सिद्धिकरण के लिए औपनिवेशिक केंद्रों से आंतरिक उपनिवेशों को फैलाने का एक नया सिलसिला शुरू होता है। भारत में यह सिलसिला कुछ तटीय स्थानों और देश की राजधानी क्षेत्र से फैला। अफ़्रीका में दक्षिण अफ़्रीका जैसे स्थानों पर, जहाँ सफ़ेद लोगों ने अपने वर्चस्व के अंदर कुछ संपन्न औद्योगिक क्षेत्र विकसित किये, वहाँ से पास-पड़ोस के दूसरे देशों

1. वही, पृष्ठ 85।

से ऐसे औपनिवेशिक संबंध कायम किये गये—जैसे इन स्थानों से श्रमिकों की आपूर्ति की व्यवस्था। पर एक बात इन सब में दिखाई देती है। पूँजीवादी व्यवस्था अपने आप में विकसित उद्योग और कृषि को आत्मनिर्भर केंद्र बना कोई सतत विकास नहीं कर सकती। रोजा लक्जमबर्ग ने पूँजीवाद के प्रसार में यानी पूँजी के विस्तारित पुनरुत्पादन की जिस समस्या की ओर ध्यान खींचा था, उसका समाधान कहीं दिखाई नहीं देता। इसी से यह निष्कर्ष भी निकाला जा सकता है कि पूँजीवाद का सारे संसार में उस तरह का सम विकास असंभव है, जिसमें सभी जगह एक स्तर की तकनीक के आधार पर समान जीवन स्तर उपलब्ध हो सके। यह व्यवस्था सदा संपन्नता की ऊँची चोटियों और विपन्नता की गहरी खाइयों के बीच बँटा रहेगा—दो वर्गों के ध्रुवों के बीच नहीं, बल्कि विभिन्न स्तरों की आर्थिक व्यवस्थाओं के बीच। ये पुराने ढंग की समेकित व्यवस्थाएँ नहीं, बल्कि विशृंखलित समाज के अवशेष होंगे। जिनमें पारंपरिक समाजों की तरह बाँधने वाला कोई केंद्रीय मूल्यबोध नहीं होगा। इससे समाजवाद की ओर संक्रमण के लिए जिस तरह के सीधे विभाजन की कल्पना की गयी थी, जिसमें सभी जगह कुछ बड़े पूँजीवादी प्रतिष्ठानों के मुट्ठीभर मालिक रह जाएँगे और दूसरी ओर विशाल संख्या में साधनहीन सर्वहारा, वह ग़लत साबित हो रही है। इसकी बजाय पूँजी के विस्तार के लिए शोषण के नये आयाम और शोषितों के नये समूह और बिचौलिए पूँजीवादी व्यवस्था को चालू रखने के लिए पैदा होते जा रहे हैं। इस प्रक्रिया में एक बात चारों ओर दिखाई देती है। प्राकृतिक स्थितियों के अनुरूप संसार के अनेक भागों में जो पारंपरिक व्यवस्थाएँ कायम थीं, वे नष्ट हो रही हैं और लगातार विस्थापन की प्रक्रिया चालू है, जिससे सभी तरफ़ प्रवासियों की भीड़ बढ़ती जा रही है और जो पुराने समृद्धि के केंद्र विकसित हुए थे, वे प्रवासियों की उमड़ती भीड़ से घिरते जा रहे हैं। इससे नये तरह के संकट और राजनीतिक समस्याएँ पैदा हो रही हैं, जो पिछड़ी अर्थव्यवस्थाएँ थीं, उनमें महानगरों के संपन्न और पॉश इलाक़ों के छोटे द्वीपों के चारों ओर झोंपड़पट्टी, झुग्गियाँ और 'शैन्टी टाउन' विकसित हो रहे हैं। इनमें किसी तरह जीवन का आधार तलाशने वाले लोगों की एक निम्न स्तर की समानांतर व्यवस्था कायम हो जाती है, जो नगर की मूल व्यवस्था और इसकी आबादी से कुछ हद तक जुड़ी होती है और निचले स्तर का अकुशल या अर्धकुशल श्रम मुहैया कराती है। लेकिन अपने भीतर ही लोगों की मूल आवश्यकताओं की आपूर्ति का एक ताना-बाना भी बनाती है। मूल नगर से इस नीचा नगर का एक तनाव का रिश्ता भी बना रहता है, क्योंकि महानगरों की मूल संरचना में इनका

कोई मान्य स्थान नहीं होता। दोनों नगरों यानी नगर के संपन्न और नियोजित हिस्से और कुकुरमुत्ते से उग आये इस नीचा नगर में से लगातार एक रस्साकशी चलती रहती है—व्यक्तियों के स्तर पर और व्यवस्था के स्तर पर भी। मार्क्स ने कम्युनिस्ट मैनिफेस्टो में पूँजीवाद में पूँजीपतियों और मज़दूरों के बीच के जिस सरल विभाजन की कल्पना की थी, उससे यह तस्वीर बिल्कुल अलग है।

ऊपर पूँजीवाद के विकास और फैलाव के क्रम में जैसे विस्थापन और प्रवास के सिलसिला का विवरण है, उससे एक गंभीर घालमेल की स्थिति उभरती है। पूँजीवादी उद्योगों के केंद्र यानी महानगरों में इनके साथ-साथ नीचा नगरों का विकास होता है, जो कई अर्थों में महानगरों के लिए अपरिहार्य भी है, यहीं से इन नगरों को वह तरल मानव समूह मिलता है, जिससे निर्माण के लिए और अनेक तरह की कम आय वाली सेवाओं के लिए मज़दूर मिलते हैं। अपने चरित्र से ही यह संबंध ऐसा अल्पकालिक होता है कि यह प्रक्रिया के रूप में तो रह सकता है, लेकिन पूर्णता नहीं प्राप्त कर सकता। लेकिन नगरों में जो यह तरल मानव समूह आता है, पूँजीवादी व्यवस्था के भीतर से प्राप्त नहीं हो सकता। इसके लिए सदा बाहर के प्रवासी मज़दूरों की ज़रूरत होती है। ब्रिटेन आदि में औद्योगिक क्रांति के प्रारंभिक दिनों में तो यह श्रम-शक्ति वहाँ के अपने ग्रामीणों के विस्थापन से प्राप्त होती थी। लेकिन अब मानव ख़ज़ाना खाली हो चुका है। पश्चिमी देशों की जनसंख्या-वृद्धि में कमी या ऋणात्मक रुझान से यह संभावना भी नहीं कि वे अपने श्रम की ज़रूरत को अपने मानव-संसाधन से पूरा कर सकें। इसलिए उन्हें लगातार बाहर के श्रमिकों पर निर्भर रहना पड़ता है। लेकिन पूँजीवाद की व्यवस्थागत मंदी के समय जो एक के बाद एक तरंग की तरह आती रहती है और मशीनीकरण से उद्योगों में मज़दूरों की संख्या में कटौती के रुझान के कारण जो बेरोजगारी की समस्या पैदा होती है, इससे स्थानीय और बाहरी श्रमिकों के बीच तनाव पैदा होता है। इस तनाव के पीछे एक बड़ा कारण यह भी है कि यूरोप या अमेरिका जैसे विकसित औद्योगिक देशों में रोज़गार की तलाश में आने वाले अप्रवासियों में ज़्यादातर लोग अश्वेत मूल के लोग होते हैं। इससे एक दूसरा संघर्ष, जो अधिक-से-अधिक मूल आधारित होता है। अस्तित्व में आ जाता है। लिहाजा 2005-06 में फ्रांस में जहाँ बेरोज़गारी का स्तर 10 प्रतिशत हो गया था, अल्जीरियाई तथा दूसरे ग़ैर-यूरोपीय मूल के लोगों के खिलाफ़ फ्रांसीसियों में आक्रोश था और अपनी बदहाली के खिलाफ़ दूसरे मूल के लोगों में फ्रांसीसियों के खिलाफ़। इससे विस्फोटक स्थिति पैदा हो गयी और दंगे और भीषण तोड़फोड़ और आगजनी हुई।

इसी से उस समय ल'पेन की फासीवादी और नस्लवादी राजनीति को काफ़ी बल मिला—सर्वहारा की एकता और पूँजीवाद को खत्म करने के संकल्प को नहीं।

(1) इस औपनिवेशिकता को त्वरण और सीमाहीन विस्तार की आकांक्षा मिली मनुष्य की अपनी सीमाओं के अज्ञान से और (2) इस भ्रम मुक्ति से कि मनुष्य की उपभोग संबंधी आवश्यकताएँ सीमित हैं। पंद्रहवीं, सोलहवीं शताब्दी तक में, बड़े साम्राज्यों के चार हज़ार वर्षों के अस्तित्व के बावजूद, आदमी के अनुभव की दुनिया सीमित थी और उसे लगता था कि उसके क्षितिज के पार प्राकृतिक संपदाओं का विस्तार अपार है। इसी से यह आश्वस्ति आती थी कि मनुष्य को जीवित रखने के लिए जो जल, जंगल और ज़मीन उपलब्ध है। उसकी प्रचुरता सदा बनी रहेगी। कार्ल मार्क्स के काल तक इस विश्वास को कोई गंभीर झटका नहीं लगा था। यह आशावाद कम्युनिस्ट मैनिफेस्टो के इस पैराग्राफ़ में स्पष्ट जाहिर होता है :

"बुर्जुआ वर्ग ने अपने प्रभुत्व के महज़ सौ साल में उससे अधिक उत्पादक शक्तियाँ पैदा कर दी हैं, जितना इसके पहले की सभी पीढ़ियों ने सम्मिलित रूप से की थीं। प्रकृति की शक्तियों को मनुष्य एवं मशीन के मातहत करना कृषि एवं उद्योगों में रसायन शास्त्र के ज्ञान का उपयोग करना, भाप से जहाज़रानी एवं रेलवे, बिजली से तार देने की व्यवस्था, पूरे के पूरे महादेशों को साफ़ कर खेती के लायक़ बनाना, नदियों का सिंचाई के लिए उपयोग के बड़ी आबादियों को अस्तित्व में लाना, जो ज़मीन में छिपी थी—पूर्व की किस सदी ने यह कल्पना भी की थी कि सामाजिक श्रम के गोद में ऐसी उत्पादक शक्ति छिपी है?"

ऊपर के उद्धरण में यह विश्वास जाहिर होता है कि मानव-श्रम की सर्जनात्मकता असीम है और इससे प्राप्त होने वाली भौतिक उपलब्धियों पर प्राकृतिक संसाधनों की उपलब्धता से कोई सीमा नहीं लगती। विडम्बना यह है कि पंद्रहवीं सदी से परवान चढ़ी यूरोप के जहाज़ियों की दुनिया की खोज के साथ अदृश्य रूप से संसाधनों की सीमा भी जुड़ी थी। इस समय तक यूरोप में ईंधन का मुख्य स्रोत लकड़ी थी और जहाज़ के निर्माण में भी लकड़ी की ही ज़रूरत होती थी। इससे वहाँ के प्राकृतिक जंगल कम पड़ने लगे थे। प्राकृतिक कोयला सतह के पास ही मिलता था और आसानी से उपलब्ध था। लेकिन इसका धुआँ दुर्गंध और गंदगी फैलाने वाला होता था। इससे लोग इसके प्रयोग को सीमित रखते थे। स्वाभाविक था कि दुनिया की खोज और इस पर अधिकार के क्रम में पहला प्रयास लकड़ियों के स्रोतों पर अधिकार और इनके विकास का हुआ। इसी क्रम में उत्तमाशा

अंतरीय, सेंट विंसेंट, सेंट हेलेना, मॉरीशस और कैरेबिआई भू-भाग पर आधिपत्य जमाया गया। लकड़ी की उपलब्धि की सीमा दिखे, इसके पहले ही ईंधन और निर्माण के नये स्रोत यथा कोयला और पेट्रोलियम मिल गया और दूसरी ओर भारी मात्रा में इस्पात का उत्पादन होने लगा। कोयला को कोक में परिवर्तित करके दुर्गंधयुक्त धुएँ से भी निजात मिल गयी। साम्राज्य और उपनिवेशों के विस्तार के साथ ईंधनों और अयस्कों की उपलब्धि भी फैलती जाती थी। इसलिए यह वहम मार्क्स के ही समय तक नहीं बीसवीं शताब्दी के मध्य तक व्याप्त रहा कि आधुनिक विकास के लिए उपलब्ध संसाधन सीमाहीन हैं और मनुष्य के वर्चस्व के विस्तार के साथ-साथ यह सीमा भी फैलती जाती है। साम्राज्यवाद और उपनिवेशवाद के ख़िलाफ़ उठे बवंडर से इस विस्तार पर सीमा लगती दिखी। लेकिन छल-बल-कौशल से सीमा को बढ़ाये रखना संभव लगता था। 1960 के दशक के बाद से पहली बार आदमी संसाधनों के व्यय या अपव्यय पर प्रकृति द्वारा लगायी गयी अलंघ्य सीमा से रूबरू है। अब हम जानते हैं कि हमारी ऊर्जा के तमाम स्रोत अंततः सूरज से आते हैं, चाहे वह आज वृक्षों में जमा हो रहे लकड़ियों और पत्तों का कार्बन हो या आज से दसो करोड़ वर्ष पहले के वृक्षों से प्राप्त जीवाश्म ऊर्जा का स्रोत, कोयला, पेट्रोलियम अथवा खनिज गैस। हमारी हवा, नदियों की धारा, वर्षा की बौछारें, ग्लैशियरों के पिघलते जल-स्रोत, समुद्र के उत्ताल तरंग और ज्वार अंततः सभी किसी-न-किसी रूप में सूरज से ऊर्जा प्राप्त करते हैं। और यह सब ऊर्जा हमें किस रूप में मिलेगी—व्यवस्थित रूप से सहयोगी की हैसियत से या सुनामी की उत्ताल तरंगों, पिघलते हिम-खंड से पैदा जल-प्लावन के रूप में, बाढ़ की विभीषिका के रूप में या जीवन को सँवारने वाली नियंत्रित ऊर्जा और हरियाली के रूप में, यह हम पर निर्भर है।

दूसरी बात, जो अप्रत्याशित थी, वह थी मनुष्य की आवश्यकता की समझ। मार्क्स ने अपने प्रारंभिक अध्ययनों में जहाँ कम्युनिज़्म की व्यवस्था का विवरण दिया है, आदमी की ज़रूरतों को बुनियादी ज़रूरतों तक सीमित रख कर ही। इसी से वैसा समाज संभव लगता था, जहाँ लोगों की सभी ज़रूरतों को पूरा किया जा सके। हालाँकि कम्युनिस्ट मैनिफेस्टो में इसका जिक्र है कि लोगों के उपभोग में विभिन्न देशों से अपनायी गयी वस्तुओं का समावेश किया जा रहा है। अपने देशों और परिवेश में वे वस्तुएँ पारंपरिक उपभोग की ही रही होंगी। यहाँ उपभोग की विविधता पहले की सभी कल्पनाओं से परे चली गयी है। तब 'स्पेस टूरिज़्म' की कल्पना कौन कर सकता था, जिसके लिए आज बुकिंग शुरू ही नहीं हो गयी है,

बल्कि रूस में कई वर्षों के लिए इसकी बुकिंग समाप्त हो गयी है। इसमें प्रति व्यक्ति कुछ करोड़ डालर का ख़र्च अनुमानित था। संसार के संसाधनों की सीमा देखते हुए ऐसा उपभोग तो इने-गिने लोगों के लिए संभव होगा—ऐसे लोगों के लिए, जिन्होंने अकूत संपत्ति पर कब्जा जमा रखा है। पूँजी लिखते समय मार्क्स के सामने पूँजीवाद के विकास की ऐसी दिशा नहीं रही होगी। मार्क्स के समय का बुर्जुआ अपने रहन-सहन में मितव्ययिता का ही आदर्श प्रस्तुत करता था। मोटा-मोटी तौर से मार्क्स के पूँजी के अध्ययन के परिदृश्य से ऐसी भिन्नताएँ दिखाई देती हैं। लेकिन देखना है कि अपनी समग्रता में पूँजी के विकास की परिणति की जिस कल्पना पर कम्युनिस्ट क्रांति की संभावनाएँ देखी गयी थीं, क्या आज दुनिया का परिदृश्य वैसा ही है?

पाँचवाँ अध्याय

संपन्नता और विपन्नता का वैश्विक ध्रुवीकरण

मार्क्स की पुस्तक 'पूँजी', जैसा पहले बतलाया गया है, दरअसल उनके बृहत् अध्ययन का ही एक हिस्सा थी। उनकी पुस्तक ग्रुंडरिसे में जिसे बहुत से लोग उनका सबसे महत्त्वपूर्ण वैचारिक लेखन मानते हैं, समाज के सर्वांगीण अध्ययन के प्रथम भाग के रूप में चार खंडों में उनकी पुस्तक पूँजी प्रस्तावित थी। उनके जीवन-काल में पूँजी का सिर्फ़ प्रथम खंड ही प्रकाशित हो पाया और दूसरे एवं तीसरे खंड की अधूरी पांडुलिपियाँ और विशाल मात्रा में अध्ययन के नोट तैयार थे, जिनके आधार पर फ्रेडरिक एंगेल्स ने दोनों खंडों को प्रकाशन के लायक़ बनाया। ग्रुंडरिसे में मशीन के आधुनिक विकास और उससे उत्पादन प्रक्रिया पर पड़ने वाले प्रभाव का गहरा अध्ययन है। इसमें बतलाया गया है कि कैसे आधुनिक मशीन के प्रयोग से मशीन और श्रमिक के बीच का पारंपरिक संबंध बिल्कुल बदल गया है। अब श्रमिक अपनी ज़रूरत के हिसाब से मशीन का उपयोग नहीं करता, बल्कि मशीन के द्वारा होने वाले उत्पादन की नवीनतम प्रक्रिया में कार्य का सारा क्रम पूर्व निर्धारित होता है और श्रमिक सिर्फ़ उसमें निगरानी-भर का काम करता है, ताकि काम निर्धारित रूप से होता चले और बीच में आयी बाधा या टूट-फूट की मरम्मत होती चले। मार्क्स के अनुसार, इस नयी स्वचालित मशीन द्वारा उत्पादन से उत्पादन की मात्रा विशाल होती जाएगी, लेकिन पूरी पूँजी पर मुनाफ़े की दर गिरती जाएगी। यह नतीजा मार्क्स ने अपने उस सिद्धांत से निकाला, जिसमें मुनाफ़े का आधार बेशी मूल्य है, जो श्रमिकों के श्रम के शोषण पर आधारित है। मार्क्स के इस निष्कर्ष की चर्चा दूसरे अध्याय के अंत मे की जा चुकी है। पूँजी के तीसरे खंड में मुख्य रूप से पूँजी में होने वाले इस आंगिक बनावट के फ़र्क़ का विवरण है और मुनाफ़े की दर पर होने वाले इसके प्रभाव की चर्चा है। इन दोनों के सम्मिलित प्रभाव से एक गहरा संकट पैदा होता है, जिसका विवरण इस प्रकार है :

दूसरी ओर, कभी-कभी इतने ज़्यादा श्रम-साधन और जीवनावश्यकताएँ उत्पादित हो जाती हैं कि वे एक नियत लाभ-दर पर श्रमिकों के शोषण के साधन का काम नहीं दे सकते। इतनी ज़्यादा जिंसें उत्पादित हो जाती हैं कि पूँजीवादी उत्पादन की विशिष्ट वितरण तथा उपभोग अवस्थाओं के अंतर्गत उनमें समाविष्ट मूल्य और बेशी मूल्य को सिद्धिकृत तथा नयी पूँजी में परिवर्तन नहीं किया जा सकता, अर्थात् इतनी ज़्यादा कि चिर-आवर्ती विस्फोट के बिना इस प्रक्रिया की निष्पत्ति नहीं हो सकती।

संपदा कोई बहुत ज़्यादा नहीं उत्पादित होती है। किन्तु कभी-कभी अपने पूँजीवादी, अंतर्विरोधी रूपों में ज़्यादा ही संपदा उत्पादित हो जाती है।

पूँजीवादी उत्पादन-प्रणाली की सीमाएँ निम्न बातों में सतह पर आ जाती हैं :

(1) श्रम उत्पादिता का विकास ह्रासमान लाभ-दर में से एक ऐसे नियम को जन्म देता है, जो एक ख़ास स्थल पर स्वयं इस विकास के साथ टकराव में आ जाता है और इसलिए जिसका संकटों के ज़रिये ही निराकरण करना होता है।

(2) उत्पादन के प्रसार अथवा संकुचन का निर्धारण अशोधित श्रम के हस्तगतकरण और इस अशोधित श्रम के सामान्य रूप में मूर्त श्रम के साथ अनुपात द्वारा, इस प्रकार एक निश्चित लाभ-दर द्वारा किया जाता है, न कि उत्पादन की सामाजिक आवश्यकताओं के साथ, अर्थात् सामाजिक रूप में विकसित मानवों की आवश्यकताओं के साथ संबंध द्वारा। यही कारण है कि उत्पादन की एक विशेष विस्तारित अवस्था में, जो दूसरी आधारिका से दृष्टिपात करने पर, उल्टे, सर्वथा अपर्याप्त ही सिद्ध होती पूँजीवादी उत्पादन प्रणाली के सामने अवरोध आ जाते हैं। आवश्यकताओं की तुष्टि द्वारा नहीं, बल्कि उत्पादन और लाभ के सिद्धिकरण द्वारा निर्धारित एक स्थल पर आकर वह ठप हो जाती है।[1]

स्पष्ट तो नहीं लिखा गया है, लेकिन मार्क्स को पूँजीवाद का मूल संकट इसी स्थिति पर पहुँचने से पैदा होता दिखाई देता है।

लेकिन उपरोक्त प्रक्रिया अपनी पूर्णता की ओर बढ़े इसके पहले ही पूँजी के विस्तारित पुनरुत्पादन पर, जैसाकि पिछले अध्ययन में रोजा लक्जमबर्ग के अध्ययन का हवाला देकर बतलाया गया है, ग्रहण लग जाता है। इससे संसार के सभी भागों में फैलते हुए पूँजी का सम विकास नहीं होता, बल्कि इसका संकेंद्रीकरण और ध्रुवीकरण होता चलता है, जिसमें कुछ ध्रुवों पर पूँजीवादी व्यवस्था का अत्यधिक

---

1. पूँजी, खंड 3, पृष्ठ 228।

विकास होता चलता है, जिसमें संसार के बाकी भागों के प्राकृतिक और मानव संसाधनों का दोहन होता चलता है और ये बाकी हिस्से औद्योगिक विकास और संसाधन दोनों की दृष्टि से ग़रीब होते जाते हैं। पिछले अध्याय में इसके उदाहरणस्वरूप औपनिवेशिक और आंतरिक औपनिवेशिक शोषण की प्रक्रिया पर थोड़ा-सा विचार किया गया है। अब हम थोड़ा देखेंगे कि इससे ग़रीबी और अमीरी का किस तरह ध्रुवीकरण संसार के पैमाने पर दिखाई देता है। बीसवीं शताब्दी के अंतिम चरण से इस ध्रुवीकरण को मान्यता दिलाने के कई संस्थागत प्रयास अंतरराष्ट्रीय स्तर पर किये गये हैं। इसमें सबसे महत्त्वपूर्ण भूमिका है विश्व व्यापार संगठन की, जो उन्मुक्त व्यापार के नाम पर विभिन्न देशों के बीच होने वाले आयात और निर्यात के ऐसे नियम बनाता है कि जो ग़रीब और औद्योगिक दृष्टि से पिछड़े देश हैं, विकास की दौड़ में और पिछड़ते जाते हैं और उन्हें वैसे संसाधन जुटाने का मौका ही नहीं मिलता कि अपना औद्योगिक विकास कर विकसित औद्योगिक देशों की श्रेणी में शामिल हो सकें। इससे ग़रीब और अमीर देशों के बीच, विभिन्न देशों के भीतर विभिन्न क्षेत्रों के बीच, हर देश में अमीर और ग़रीब लोगों के बीच ग़ैर-बराबरी की खाई और भी चौड़ी होती चली जाती है।

संयुक्त राष्ट्र संघ के मानव विकास-रपटों द्वारा प्रकाशित तथ्यों के रुझानों से यही दिखाई देता है कि जल के विपरीत अत्याधुनिक तकनीक वैसा सम-स्तर नहीं ढूँढ़ती, जिससे जो तकनीक और इससे जुड़े आय में पीछे हैं, आगे बढ़ विकसित देशों और क्षेत्रों से समानता हासिल कर लें, बल्कि तकनीकों और इनसे जुड़ी आयों का विकास भी अधिक वहीं होता है, जहाँ पहले यह ऊँचा स्तर पा चुका होता है। बाक़ी क्षेत्र उत्तरोत्तर प्राकृतिक संसाधन, कृषि आधारित पारंपरिक उत्पाद और सस्ते मानव-श्रम के आपूर्तिकर्त्ता बने रहते हैं। इनके सहारे जो विकसित देश होते हैं, नवीनतम उत्पादों के बल अपनी आर्थिक वरीयता बढ़ाते चलते हैं। यह बात 2006 के मानव विकास रपट में वर्णित इन तथ्यों से उजागर होती है। इसमें लिखा है :

"... इस बीच दुनिया के उत्तरी भाग की आबादी के 20% लोगों की औसत आय नीचे की 20% आबादी की औसत आय का पचास गुना है।

"वैश्विक आमदनी का बँटवारा शैंपेन की बोतल के समदृश्य है। शीर्ष पर जहाँ बोतल सबसे चौड़ी है, आबादी का सबसे संपन्न 20% दुनिया की आय के तीन चौथाई का मालिक है। बोतल का सबसे निचला हिस्सा, जो सबसे पतला है, सबसे ग़रीब 40% दुनिया की आय के 5 प्रतिशत का अधिकारी है और सबसे

ग़रीब 20% महज़ 1.5% का अधिकारी। इन सबसे ग़रीब 40% लोगों की संख्या मोटा-मोटी 2 अरब है, जो 2 डॉलर प्रतिदिन से कम पर गुज़ारा करते हैं।

"समय के साथ 20% निचले हिस्से की क्षेत्रीय स्थिति में क्या बदलाव आया है? दक्षिण एशिया का हिस्सा तेजी से गिरकर 1980 के आधा से एक तिहाई पर आ गया है। यह दो दशक की औसत आमदनी की गिरावट को प्रतिबिंबित करता है। सहारा के दक्षिणी भाग के लोगों में प्रत्येक दो में एक आदमी दुनिया के 20% आय में सबसे ग़रीब लोगों में है। इसकी तुलना पूर्वी एशिया के पाँच में एक और दक्षिण एशिया के चार में एक से की जा सकती है।

कोई अचरज की बात नहीं कि अमीर देशों की प्रधानता 20% ऊपरी हिस्से में है। उनके 10 में 9 नागरिक 20% सबसे धनी लोगों में हैं और ऑर्गेनाइजेशन फॉर इकोनोमिक कोऑपरेशन एंड डेवलेपमेंट (ओ. ई. सी. डी.) के देशों की आय दुनिया की आय का 85% है।"[1]

"वैश्विक ग़ैर-बराबरी की बहस में जो बात प्रायः ओझल रहती है, वह यह कि चाहे जो मापदंड अपनाये जाएँ और बिना इस बात का लिहाज़ किये कि आय बढ़ रही है या घट रही है, यह ग़ैर-बराबरी अत्यधिक है। मोटा-मोटी अनुमान के अनुसार फोरबिस मैगजीन में शुमार किये गये सबसे धनी 500 लोगों की आमदनी, जो उनके पूरे धन के 5% से ज्यादा नहीं होती, 41.6 करोड़ सब से ग़रीब लोगों की आय से अधिक होती है।"

इस ग़ैर-बराबरी का आधार विभिन्न देशों की औद्योगिक उत्पादन की क्षमता है। पिछले दिनों भूमंडलीकरण के काल में उद्योग-धंधों के आधार के विस्तार की बात चर्चा में रही है। ऊपरी ढंग से देखने से यह ज़रूर लगता है कि विकासशील देशों में दुनिया की बड़ी बहुराष्ट्रीय कंपनियाँ अपने उद्योग, विशेषकर अपने उत्पादों के हिस्से (कंपोनेंट) एशिया के देशों में, विशेषकर पूर्वी एशिया और दक्षिण एशिया में उत्पादित करने लगे हैं। लेकिन संपूर्ण उत्पाद में इनका हिस्सा नगण्य है और भारत और चीन जैसे देशों की विशाल जनसंख्या को ध्यान में रखने पर वे और भी नगण्य लगते हैं। इससे यह अनुमान करना कि औद्योगिक उत्पादन का आधार विस्तृत और वैश्वीकृत हो रहा है भारी भूल है। 2005 के मानव विकास-रपट में विकासशील देशों के निर्यात में भारी वृद्धि की ओर ध्यान दिलाने के बाद हक़ीक़त की ओर ध्यान दिलाने के लिए यह भी कहा गया है :

1. Human Development Report 2005, p. 36।

"विश्व बाज़ार में निर्यात का हिस्सा निर्यात के फ़र्क़ की एक आंशिक तस्वीर ही प्रस्तुत करता है। निर्यात में सफलता को आय में बढ़ोतरी और इससे जीवन-स्तर को ऊँचा रखने और ग़रीबी मिटाने का संबंध सिर्फ़ उत्पादन और निर्यात की मात्रा पर निर्भर नहीं करता, बल्कि मूल्य उत्पादन (वैलू एडिशन) यानी संपत्ति-उत्पादन की मात्रा पर निर्भर करता है। औद्योगिक उत्पादन से मूल्य जोड़ना वैश्विक संपत्ति के वितरण में सबसे महत्त्वपूर्ण भूमिका निभा सकता है और विश्व व्यापार का लाभ दे सकता है। दुनिया में संपत्ति के बँटवारे की दृष्टि से बुरी ख़बर यह है कि 25 वर्ष के वैश्विक एकीकरण के बावजूद औद्योगिक उत्पादन के असंतुलन में कोई ख़ास फ़र्क़ नहीं हुआ है।"[1]

"1980-2000 की अवधि में विकासशील देशों में औद्योगिक उत्पादन के मूल्य में सालाना 5% से अधिक वृद्धि हुई है—औद्योगिक देशों की दर से दो गुना से अधिक, लेकिन लगभग सारा विकास पूर्वी एशिया में दर्ज किया गया और औद्योगिक देश अभी भी संसार-भर में औद्योगिक उत्पाद के मूल्य वृद्धि में 60 प्रतिशत से अधिक योगदान करते हैं।"[2]

ऊपर दिये गये उद्धरणों से स्पष्ट है कि औद्योगिक विकास प्रायः उन्हीं देशों में केंद्रित है, जहाँ औद्योगिकीकरण शुरू हुआ। पूर्व एशिया में चीन में औद्योगिक विकास हाल के वर्षों में तेज हुआ है, लेकिन यह मूलतः केंद्रित है पूरब के तटीय भागों और राजधानी बीजिंग के इर्द-गिर्द। केंद्र के या पश्चिम के बाकी भाग में तुलनात्मक दृष्टि से ह्रास ही हुआ है और आजीविका का आधार नष्ट होने से विशाल पैमाने पर विस्थापन हुआ है।

वैश्विक बाज़ार का एकीकरण, जिसे संसार में आर्थिक संपन्नता को बढ़ाने और सम-स्तर करने का मूल मंत्र बतलाया जा रहा है, दरअसल ग़ैर-बराबरी और विशाल जनसंख्या और संसार के विशाल भू-भाग के लिए बदहाली का सबब ही बना हुआ है। मानव विकास-रपट 2005 के नीचे दिये गये उद्धरण से यह बात स्पष्ट रूप से जाहिर होती है। रपट का यह भाग कृषि उत्पादों के अंतरराष्ट्रीय व्यापार की स्थिति पर केंद्रित है। इसमें कहा गया है :

"कृषि विस्फोट का बिंदु बन गयी है ... एक डालर से कम पर जीवन-निर्वाह करने वाले दो तिहाई से अधिक लोग ग्रामीण क्षेत्रों में या तो अति लघु जोतों के

---

1. वही, पृष्ठ 118।
2. वही।

मालिक हैं या खेत मज़दूर के रूप में काम करते हैं। अन्यायपूर्ण व्यापार संबंध व्यवस्थित रूप से इनकी आजीविका के आधार को नष्ट करता है। जिससे सहस्राब्दी के विकास के लक्ष्य को पूरा करने के प्रयास को बाधा पहुँचती है।"[1]

दुनिया के औद्योगिक विकास पर विचार करने पर मार्क्स की वह कल्पना तो खरी उतरती नहीं दिखाई देती कि धीरे-धीरे किसान एक वर्ग के रूप में ख़त्म हो जाएँगे और सारे संसार में एक तरफ़ अत्याधुनिक उद्योग-धंधे और अत्याधुनिक मशीनों पर आधारित बड़े कृषि-फ़ार्म रह जाएँगे। ऐसा होने की बजाय दुनिया-भर के पारंपरिक उद्यमों के नष्ट होने और किसानों की खेती के घाटे में चलने से बेरोज़गारी और इनमें काम करने वाले लोगों के विस्थापन के बावजूद एक वर्ग के रूप में न तो किसान खत्म होते दिखाई देते हैं और न छोटे उद्यम खत्म हो रहे हैं, भले ही उनका क्षेत्र और स्वरूप बदल गया हो। इस पहलू पर हम बाद में विचार करेंगे, लेकिन जो दुनिया की हक़ीक़त बनी है। वह यह है कि वैश्विक पूँजीवाद के विकास से किसान वर्ग नष्ट तो नहीं हुआ है, लेकिन एक बन्दी वर्ग के रूप में तब्दील हो गया है। जो पूँजीपतियों को स्वयं बदहाली में रहते हुए सस्ते कच्चे माल और खाद्यान्न उपलब्ध कराता है। जो बड़े कृषि-उद्योग (एग्रीफ़ार्म) औद्योगिक देशों में मशीनीकृत उत्पादन में लगे हैं, इतने ख़र्चीले हैं कि उन्हें विशाल अनुदान (सब्सिडी) के बल ही ज़िंदा रखा जा सकता है।

इस रपट में ही आगे कहा गया है :

"दोहा केंद्रित वार्ताओं की समस्या के हृदयस्थली को तीन शब्दों में समेटा जा सकता है : संपन्न देशों का अनुदान (रिच कंट्री सब्सिडी) विश्व व्यापार संबंधी वार्ताओं के अंतिम दौर में कृषि-अनुदान को ख़त्म करने की घोषणा—उरुग्वे राउंड—के बाद सर्वाधिक संपन्न देशों ने कुल मिलाकर उत्पादक अनुदानों के स्तर को बढ़ा दिया है। दुनिया के कृषि-अनुदान में अग्रणी महाशक्तियों—यूरोपियन यूनियन तथा संयुक्त राज्य की अगुआई में विकसित देशों का कृषि-अनुदान साल में 350 अरब डालर तक पहुँच गया है। उत्पादकों को सीधा दिया जाने वाला अनुदान अलग-अलग खातों में नापा जा सकता है। आर्थिक सहयोग और विकास संगठन (ओ. ई. सी. डी.) अनुदान में उन तमाम नीतियों और तबादलों का शुमार करता है। जिनसे देश के भीतर कीमत वैश्विक स्तर से ऊँची रहती है। जिसका मान 279 अरब डालर है, जो उत्पादन के मूल्य के लगभग एक-तिहाई के बराबर है—जापान

1. वही, पृष्ठ 118।

के मामले में यह आधे से ज़्यादा हो जाता है।"[1] इन देशों के आँकड़े हैं—यूरोपियन यूनियन 133 अरब, संयुक्त राज्य 46 अरब, जापान 49 अरब और दूसरे 51 अरब डालर। सब मिलकर 279 अरब डालर। इनमें प्रतिशत के हिसाब से यूरोपियन यूनियन संपूर्ण उत्पादन के मूल्य का 33%, संयुक्त राज्य 18% और जापान 56% अनुदान के रूप में देता है।

आगे रपट में कहा गया है :

"अब समर्थन विभिन्न रूपों में आता है, जिनका परिणाम होता है क़ीमतों में बढ़ोतरी तथा उत्पादन और निर्यात में इज़ाफ़ा। कुछ वस्तुओं का आयात, जो कुछ वस्तुओं के मामले में शत-प्रतिशत से ज्यादा हो जाता है, जिसमें शामिल हैं चावल, चीनी, फल और बादाम—घरेलू क़ीमतों को अंतरराष्ट्रीय कीमतों के स्तर से ऊँचा रखते हैं, जबकि बजट के प्रावधानों से होने वाले समर्थन से आय में इज़ाफ़ा बना रहता है। अधिकांश विकसित देश विकासशील देशों द्वारा इस पैमाने पर डटकर तथा दूसरे अनुदान द्वारा समर्थन को आलोचना-भरी निगाह से देखते हैं, लेकिन जब कृषि का मामला होता है तो ये विकसित देश अपना अलग मापदंड स्थापित कर लेते हैं।"[2]

आगे :

"विकसित देशों के कुछ राजनेता कृषि-अनुदान के समर्थन में यह तर्क देते हैं कि इससे ग्रामीण क्षेत्रों के विकास का लक्ष्य सधता है और कमज़ोर समुदायों के हितों की रक्षा होती है। इस दावे के समर्थन का कोई तथ्यगत आधार नहीं है। हक़ीक़त की दुनिया में अरबों के अनुदान के इस चक्र में जीतने वाले बड़े काश्तकार, कृषि-उद्योग से जुड़े कॉरपोरेट के स्वार्थ और भूमिपति होते हैं। इस रपट को तैयार करने के क्रम में किये गये अनुसंधान का यह निष्कर्ष है कि धनी देशों में अनुदानों का बँटवारा ब्राजील में आमदनियों के बँटवारे से अधिक विषमपूर्ण है। इससे अधिक ग़ैर-बराबरी फैलाने वाला और अकुशल वित्तीय बँटवारे की व्यवस्था ईजाद करना मुश्किल है, जैसा तत्काल कृषि-अनुदान के बँटवारे में है।"[3]

कृषि क्षेत्र में विपरीत ध्रुवों पर दो तरह की विकृतियाँ पैदा होती हैं। एक तरफ़ कुछ थोड़े से एग्रि बिजनेस (कृषि उद्योग) भारी अनुदान से विकसित होते हैं और

1. Human Development Report 2005, पृष्ठ 129।
2. वही।

दूसरे ध्रुव पर भारी संख्या में वे सीमांत किसान, जो समय-समय पर संपन्न अर्थव्यवस्थाओं को कुछ वस्तुओं की आपूर्ति करते हैं, बरबाद हो जाते हैं।

"कृषि के अनुदान के इस विकृत तर्क को यूरोपीय संघ की साझा कृषि नीति (सी.ए.पी.) अन्य चीजों से अधिक स्पष्ट ढंग से उजागर करती है। यह एक व्यवस्था है, जिसके तहत उत्पादकों को 51 अरब डालर (43 अरब यूरो) समर्थन में दिया जाता है। यह सी. ए. पी. समर्थन एक ऐसे समूह को दिया जाता है जो कार्यरत लोगों के 2% से कम का प्रतिनिधित्व करता है और यूरोपीय संघ के बजट का 40 प्रतिशत से अधिक हड़प जाता है। इस तर्कहीन नीति में चीनी बराबरों में सर्वश्रेष्ठता का स्थान ग्रहण करने का एक नमूना है। काश्तकारों और उत्पादकों को चीनी के वैश्विक मूल्य का चार गुना दाम दिया जाता है, जिसके फलस्वरूप 40 लाख टन ज़रूरत से अधिक चीनी का भंडार जमा हो जाता है। इस फाजिल चीनी को दुनिया के बाज़ार पर, एक अरब डालर से अधिक निर्यात अनुदान चीनी उत्पादकों को देकर, लाद दिया जाता है। नतीजा है कि यूरोप दुनिया में चीनी का दूसरा सबसे बड़ा निर्यातक है—एक ऐसी वस्तु का, जिसके उत्पादन में इसे कोई स्वाभाविक सुविधा नहीं है (यहाँ ध्यान में रखने की बात है कि उन्मुक्त बाज़ार के आदि सिद्धांतकारों ने स्वाभाविक सुविधा यानी 'नेचुरल एडवांटेज' के उत्कर्ष को ही इसका आधार माना था—लेखक)। विकासशील देशों के उत्पादक इसकी क़ीमत चुकाते हैं। यूरोप का समर्थित निर्यात विश्व में चीनी की क़ीमत को एक-तिहाई कम कर देता है। इसके फलस्वरूप कहीं अधिक सक्षम विकासशील देशों के निर्यातकों को विदेशी मुद्रा का नुक़सान उठाना पड़ता है : यह घाटा ब्राजील के मामले में 49.4 करोड़, दक्षिण अफ्रीका 15.1 करोड़ और थाइलैंड के मामले में 6 करोड़ डालर आता है। इन देशों में 6 करोड़ से अधिक लोग रोजाना 2 डालर से कम पर गुजारा करते हैं। दूसरी ओर मोजाम्बिक को, जो एक प्रतिस्पर्धी चीनी उद्योग विकसित कर रहा है और बड़ी संख्या में खेत मज़दूरों को काम देता है, यूरोपीय संघ के बाज़ार से बाहर इसकी कोटा पद्धति के द्वारा रखा जाता है, जो इसके चार घंटे से भी कम के उपभोग के बराबर होता है। जहाँ तक कृषि का सवाल है, यूरोपीय संघ के खुलेपन की स्पष्ट सीमाएँ हैं।"[1]

फिर आगे इसी रपट में कहा गया है :

"संयुक्त राज्य की कपास नीति अनुदान आधारित बाज़ार के भेदभाव का

1. वही, पृष्ठ 130, 131।

एक दूसरा नमूना पेश करता है, जिससे मानव-विकास बाधित होता है। यूरोपीय संघ की चीनी नीति की तरह ही अनुदान का पैमाना विश्वसनीयता की सीमा को पार कर जाता है। संयुक्त राज्य के डिपार्टमेण्ट ऑफ़ एग्रिकल्चर के अनुमान के अनुसार देश के 20,000 कपास उत्पादक काश्तकारों को सरकार की ओर से 2005 में 4.7 अरब डालर का अनुदान देय था, जे फ़सल के पूरे बाज़ार-भाव के बराबर होता है और सहारा के दक्षिणी भाग के अफ़्रीकी देशों को दिये जाने वाले पूरे अनुदान से अधिक। ... अधिक महत्त्वपूर्ण है, ऐसे अनुदान का ग़रीब मुल्कों के कपास-उत्पादक पर पड़ने वाला प्रभाव।

"संयुक्त राज्य में दिये गये अनुदानों का सीधा प्रभाव इन छोटी जोत वाले उत्पादकों पर पड़ता है। इन अनुदानों से दुनिया के बाज़ार में क़ीमतें 9 से 13 प्रतिशत तक कम हो ज़ाती हैं और इससे अमेरिकी उत्पाद दुनिया के बाज़ार में हावी हो जाते हैं, जिनका दुनिया के निर्यात में लगभग एक तिहाई हिस्सा है।... सरकारी अनुदान की भारी मात्रा दुनिया के बाजार से मिलने वाले संकेतों के प्रति इनको संवेदनहीन बना देते हैं और अमेरिकी उत्पादक विश्व बाज़ार की स्थितियों को नज़रअंदाज़ कर अपना उत्पादन फैलाते जाते हैं। इससे यह विसंगतिपूर्ण स्थिति पैदा होती है कि यह प्रोत्साहन तब दिया जाता है जबकि चारों ओर क़ीमतें कम होती हैं। ऐसे समय में दूसरे देशों को समायोजन की कीमत चुकानी होती है। समायोजन का यह खर्च अत्यधिक ज्यादा हुआ, जब 2001 में पचास साल में कपास की क़ीमत में सर्वाधिक गिरावट आयी। अमेरिकी नीति के कारण ऐसा अनुमान किया जाता है कि पश्चिम अफ़्रीका के बरकिना फासो और माली जैसे देशों में जिनकी अर्थव्यवस्था पूरी तरह कपास आधारित थी, राष्ट्रीय आय में 1% से 3% तक की गिरावट आयी। ये ऐसे क्षेत्र हैं, जिनमें लगभग बीस लाख छोटे किसान पूरी तरह या बहुत हद तक कपास-उत्पादन पर निर्भर करते हैं। ..... अकेले बेनीन में 2001-2 की कपास की क़ीमत में गिरावट से वहाँ ग़रीबी में रहने वालों का अनुपात 37% से बढ़कर 59% हो गया।"

"पूरी अर्थव्यवस्थाएँ कपास के बाज़ार की उपरोक्त विकृतियों के कारण अस्थिर हो रही हैं। जिनका बोझ ग़रीब देशों को ढोना पड़ रहा है। जबकि कपास का निर्यात संयुक्त राज्य अमेरिका के लिए अति लघु महत्त्व का है। उधर बरकिना फासो में इसके विपरीत कपास-निर्यात का 50 प्रतिशत है और राष्ट्रीय अर्थव्यवस्था का आधार है।"[1]

1. वही, पृष्ठ 139।

आगे रपट कहती है :

"अमेरिकी नीति का दुष्प्रभाव सिर्फ निर्यात से संबद्ध छोटे उत्पादकों पर ही नहीं पड़ता है। संयुक्त राज्य की चावल नीति अनेक देशों के घरेलू उत्पादकों को नुक़सान पहुँचाती है। 2002 और 2003 के बीच अमेरिका में 415 डालर प्रति टन के हिसाब से उत्पादित चावल का निर्यात 264 डालर प्रति टन के हिसाब से किया गया। स्पर्धा में आने वाले चावल के निर्यातक देश थाईलैंड और वियतनाम को इस अनुचित स्पर्धा से अपनी व्यवस्था को समायोजित करना पड़ता है। यही घरेलू बाज़ार के लिए उत्पादन करने वाले दूसरे देशों के चावल उत्पादकों को करना होता है। इससे घाना और हैती जैसे देशों के चावल उत्पादक अमेरिकी आयात से बाज़ार से बाहर कर दिये गये हैं। इससे एक गतिशील ग्रामीण अर्थव्यवस्था की संभावना ख़त्म हो गयी है।

"... अंतरराष्ट्रीय मुद्राकोष ने यह कर चुंगी का विरोध किया है कि कोई ऐसा सबूत नहीं मिलता कि अनुचित प्रतिस्पर्धा का सहारा लिया गया है। मुद्राकोष के इस निर्णय को तब गले से नीचे उतारना कठिन लगता है, जबकि अमेरिकी बजट में 2003 में 1.3 अरब डालर की सहायता का प्रावधान है, जो उत्पादन के कुल मूल्य का तीन चौथाई है।"[1]

संयुक्त राष्ट्र के अध्ययन से ज्ञात उपरोक्त तथ्यों से स्पष्ट है कि जो देश औद्योगिक विकास की दौड़ में पिछड़ गये हैं, वे उस तरह का औद्योगिक विकास तो नहीं कर सकते, जैसा औद्योगिक देशों में हुआ है, बल्कि संपन्न देशों द्वारा उनकी कृषि को दिये जाने वाले भारी अनुदानों के चलते वे अपने किसानों को भी जीवन-यापन के लिए कोई मानवीय आधार नहीं उपलब्ध करा पाते। लेकिन औद्योगिक देशों को विकासशील देशों के कच्चे मालों और कृषिजन्य उत्पादों की आपूर्ति भी चाहिए इसलिए इन देशों के कृषि उत्पादकों को वे मिटा भी नहीं सकते। इस तरह दुनिया से किसान वर्ग का सफ़ाया तो पूँजीवाद के विकास के साथ नहीं हुआ है, लेकिन एक मजबूर और कैदी आपूर्तिकर्ता के रूप में वे अस्तित्व में बने रहते हैं, जिनकी स्थिति का निर्धारण औद्योगिक देशों की औद्योगिक और घरेलू अनुदान की नीतियों से होता है। औद्योगिक देशों के अन्दर ज़रूर छोटे उत्पादक किसान ख़त्म हो रहे हैं और उनका स्थान बड़ी एग्रो कम्पनियाँ ले रही हैं। कारण यह है कि औद्योगिक क्षेत्र से जुड़े लोगों की आय के मुकाबले छोटी कृषि से आजीविका पाने वाले किसानों की आय काफ़ी कम होती है और किसान धीरे-धीरे खेती छोड़ उद्योग या सेवा क्षेत्रों में चले जाते हैं, जहाँ आय अधिक है। इसलिए

1. UNDP Report 2005, p. 132.

खेती पर विशाल यंत्र आधारित फार्मों का नियंत्रण होता जाता है। लेकिन ये कृषि-उत्पादन अधिक खर्चीले सिद्ध हो रहे हैं और अपने घाटे को कृषि से संबद्ध दूसरे उद्योगों से पूरा करते हैं या जिंदा रहने के लिए भारी सरकारी अनुदान का सहारा ढूँढ़ते हैं।

राष्ट्रों के बीच जैसी विषमता का विवरण ऊपर दिया गया है। पूँजीवाद के विकास के साथ राष्ट्रों के भीतर भी वैसी ही विषमता व्यापक हो जाती है जिसका एक स्वरूप आंतरिक औपनिवेशिक शोषण के रूप में दिखाई देता है। इसी रपट में प्रारंभ में भारत के संबंध में कहा गया है :

आयों के उत्तरोत्तर बाढ़ से भारत ग़रीबी उन्मूलन के क्षेत्र में तेज़ी से क्यों नहीं बढ़ पाया है? अत्यधिक ग़रीबी उत्तर के ग़रीब पट्टी के राज्यो में है, जिनमें बिहार, मध्य प्रदेश और पश्चिम बंगाल हैं। जबकि आय का तेज़ विकास दूसरे राज्यों और नगरीय क्षेत्रों और सेवा क्षेत्रों में हुआ है। जहाँ कुछ राज्यों जैसे गुजरात और तमिलनाडु में ग्रामीण ग़रीबी तेज़ी से घटी है। उत्तरी राज्यों की कम ही प्रगति हुई है। राष्ट्रीय स्तर पर ग्रामीण बेरोज़गारी बढ़ रही है और कृषि की उपज में 2% सालाना की दर से भी कम बाढ़ हो रही है। कृषि मज़दूरी घट रही है और विकास रोज़गारहीन हो रहा है। राष्ट्रीय आय में 1% बढ़ोतरी से 1980 के दशक में 1990 के दशक के मुक़ाबले तीन गुना अधिक रोज़गार पैदा हुआ।

"राज्यों के बीच की ग़ैर-बराबरी आय और यौन आधारित ग़ैर-बराबरी में जाहिर होती है।"[1]

भारत के राज्यों के बीच ग़ैर-बराबरी की तालिका

सूचक	भारत	केरल	बिहार	राजस्थान	उत्तर प्रदेश
आबादी में महिलाओं का प्रतिशत (%)	48	52	49	48	48
5 वर्ष से कम आयु का शिशु मृत्यु दर (प्रति हज़ार में)	95	19	105	115	123
प्रति महिला प्रजनन का दर	2.5	2	3.5	3.4	4
जन्म के समय स्वास्थ्य सेवा की उपलब्धि (%)	42	94	23	36	32
शिशुओं की सभी टीकाकरण की उपलब्धि	42	80	11	17	21

1. UNDP Report, 2005, p. 132.

ऊपर बतलायी गयी स्थिति की पुष्टि कुछ हद तक दिल्ली के ह्यूमन डेवलपमेंट रिपोर्ट 2006 से भी होती है। वैसे तो यह नगरीय क्षेत्रों की स्थिति के अध्ययन पर आधारित है। फिर भी राज्यों की आर्थिक स्थिति का संकेत कुछ हद तक उनके नगरीय क्षेत्र की स्थिति से भी मिलता है।

नीचे दी गयी तालिका में दिल्ली और देश के दूसरे राज्यों की आर्थिक स्थिति और इसकी विषमता का थोड़ा अंदाज़ होता है।

बड़े राज्यों में 1993-94 और 2001-02 के बीच प्रति व्यक्ति घरेलू आयों में वृद्धि

राज्य	प्रतिव्यक्ति राज्य में उत्पादन स्थायी मूल्य रुपये में		सालाना औसत बाढ़ की दर
	1993-94	2001-02	
1. प. बंगाल	6756	10375	5.5
2. कर्नाटक	7838	11516	4.9
3. तमिलनाडु	8955	13108	4.9
4. दिल्ली	18166	26306	4.7
5. आंध्र प्रदेश	7416	10590	4.6
6. राजस्थान	6182	8819	4.5
7. गुजरात	9796	13684	4.3
8. केरल	7938	11046	4.2
9. हरियाणा	11079	14250	3.2
10. उड़ीसा	4896	6105	2.8
11. महाराष्ट्र	12183	14892	2.5
12. पंजाब	12710	15255	2.3
13. बिहार	3037	3554	2.0
14. मध्य प्रदेश	6584	7699	2.0
15. उत्तर प्रदेश	5066	5885	1.9

आधार भारत सरकार एन.सी.टी. दिल्ली (2005)[1]

1. Delhi Human Development Report, 2006, p. 51.

जिन राज्यों में तेज़ आर्थिक विकास दिखाई देता है वह मूलतः बड़े उद्योग-धंधों के विकास से नहीं, जिसमें थोड़े से बड़े पूँजीपति हों और बाक़ी बड़े उद्यमों में काम करने वाले श्रमिक, बल्कि एक बड़ा बिचौलिया मध्यम वर्ग विकसित हुआ है, जो मुख्यतः दुकानदारी, होटल, परिवहन जैसे क्षेत्रों में कार्यरत है। कर्नाटक जैसे राज्यों में तो विकास की तेज़ रफ़्तार सूचना तकनीक पर आधारित बंगलौर की आउटसोर्सिंग सेवाओं से हुआ है, जिसके माध्यम से अमेरिका जैसे संपन्न देश अपने कार्यालयों की सेवाओं को इंटरनेट के ज़रिये भारत के अपेक्षतया सस्ते श्रम के ज़रिये कराते हैं। यह नक़्शा मार्क्स की उस कल्पना से बिल्कुल अलग है, जिसमें समाज का बँटवारा मूलतः विशाल उद्योगों के मालिकों और बड़े उद्योगों के केंद्रों में इकट्ठा मजदूरों के बीच होगा। इस तरह के विकास से तो सेवा क्षेत्र पर आधारित बंगलौर जैसे महानगरों की समृद्धि का उसके अपने परिवेश से कुछ लेना-देना नहीं है और न इस समृद्धि के प्रभाव से कर्नाटक के ही दूसरे हिस्से खासकर यहाँ के अति ग़रीब उत्तरी हिस्से की अर्थव्यवस्था पर कोई प्रभाव पड़ता है। यह देश से असंयुक्त सेवा आधारित समृद्धि का द्वीप-भर है। भले ही इसकी आय को कर्नाटक की आय से जोड़ दिया जाता हो। इसी तर्ज पर हैदराबाद, पुणे, दिल्ली आदि में भी इंटरनेट आधारित सेवा क्षेत्र का विस्तार हो रहा है। हमारे अध्ययन की दृष्टि से इसमें जो महत्त्व की बात है, वह यह कि सारा विकास मार्क्स की कल्पना से भिन्न तरह का हो रहा है और अगर मार्क्स पूँजी का अंतिम अध्याय लिखने बैठे तो उनके अध्ययन का परिदृश्य बिल्कुल अलग ही होता।

इसमें सारे संसार और प्रत्येक देश में जो परिदृश्य उभरता है, वह यह कि जहाँ समृद्धि के द्वीप उभरते हैं, वहाँ उन इलाक़ों से जहाँ ग़रीबी गहरा रही है, लोग बड़ी संख्या में आजीविका के लिए आते हैं। अपनी तमाम कोशिशों के बावजूद विकसित देश या क्षेत्र ऐसे आव्रजन या प्रवासियों की भीड़ को रोकने या नियंत्रित करने में असमर्थ हो रहे हैं। इससे औद्योगिक नगरों और महानगरों में दूर-दराज़ से रोज़गार या जीवन का आधार ढूँढ़ने वाले आगंतुकों का एक सैलाब सदा बना रहता है, इससे एक नये तरह का संघर्ष वर्ग संघर्ष से विपरीत मूल, नस्ल आदि के आधार पर पैदा होता है। अमेरिका में लगातार मैक्सिको जैसे पड़ोसी देशों से हिस्पानी मूल के लोगों की बाढ़ सरकार के तमाम प्रतिबंधों के बावजूद बढ़ रही है। इससे वहाँ की राजनीति पर मूल आधारित भेद-भाव बढ़ रहा है। पहले अफ़्रीका से गुलाम बनाकर लाये गये लोगों के वंशजों के ख़िलाफ़ भेद-भाव तमाम संघर्षों और प्रयासों से अभी भी ख़त्म नहीं हुआ है। संयुक्त राज्य अमेरिका की

स्थापना ही इमीग्रेंट्स (बाहर से आने वाले लोगों) से ही हुआ है, फिर भी उन्हें जज़्ब करने की प्रक्रिया अधूरी है। लेकिन यूरोप में तुर्की, अल्जीरिया और एशियाई तथा अफ़्रीकी मूल के लोगों के विरुद्ध आधारित फासीवादी राजनीति बार-बार सिर उठाती है। इसमें सर्वहारा की एकता और संघर्ष हाशिये पर चला जाता है। भेदभाव के खिलाफ़ बाहर से आये लोगों का गुस्सा प्रायः उबाल पर आता है और इक्कीसवीं सदी में इसके विस्फोटक परिणाम नज़र आने लगे हैं।

तीसरी दुनिया के देशों के महानगरों के आकार में बाहर से आने वाले ऐसे लोगों से विस्फोटक विस्तार हुआ है। मैक्सिको नगर में तो मैक्सिको राष्ट्र की आबादी का एक बड़ा हिस्सा आ गया है। यही स्थिति ब्राजील जैसे देशों के महानगरों की भी है। लेकिन जो आबादी आती है, वह किसी बड़े औद्योगिक प्रतिष्ठान का हिस्सा नहीं बन पाती और असंगठित क्षेत्रों में काम कर गंदी बस्तियों (शैंटी टाउन) का निर्माण करती है। भारत में दिल्ली और मुंबई जैसे महानगरों की भी यही स्थिति है, जहाँ असंगठित क्षेत्रों में कार्यरत लोगों की झुग्गियों और झोंपड़पट्टियों का लगातार विस्तार होता रहता है। दिल्ली ह्यूमन डेवलपमेंट रिपोर्ट से भी स्थिति का थोड़ा अंदाज़ होता है।

रिपोर्ट कहती है : लगभग 22.2 लाख आव्रजन 1991 और 2001 के बीच आये जो 1981-91 के बीच आये 16.4 लाख से कहीं अधिक थे...तीसरा 1991-2001 के बीच 46 प्रतिशत आने वाले लोग उत्तर प्रदेश और उत्तरांचल से थे। बिहार से इसी काल में 23 प्रतिशत लोग आये।[1]

"इस बात के काफ़ी प्रमाण हैं कि दिल्ली की अर्थव्यवस्था अधिक असंगठित (इन्फ़ॉर्मल) होती गयी है। रोज़ी की तलाश में बाहर से आने वाले लोग, विशेषकर बिहार से आने वाले मुख्य रूप से अकुशल मज़दूर होते हैं। 1990 में असंगठित क्षेत्र में रोज़गार का अनुपात बढ़ता जा रहा है। 1993 में असंगठित क्षेत्र के मज़दूरों का अनुपात 76 प्रतिशत था। 1999-2000 तक यह अनुमान 81 प्रतिशत हो गया है।"[2] इसके दो कारण हैं । एक तो उद्योगों के चरित्र में परिवर्तन। प्रारंभ में जब ब्रिटेन और पश्चिमी देशों में औद्योगिकीकरण हुआ तो ग्रामीण क्षेत्रों से विस्थापित लोगों को काम मिलने में कोई कठिनाई नहीं होती थी, क्योंकि उस समय के नये उद्योगों में भारी संख्या में श्रमिकों की ज़रूरत होती थी। इसी का नतीजा था कि स्त्रियों और बच्चों को भी अठारह-अठारह घंटे तक काम में लगाना पड़ता था।

---

1. Delhi Human Development Report 2006, p. 3.
2. वही, पृष्ठ 4।

अब के उद्योगों में उत्तरोत्तर नये तरह के स्वचालित यंत्रों के कारण मानव-श्रम, ख़ासकर अकुशल श्रम की ज़रूरत बहुत कम हो गयी है। करोड़ों के निवेश से खड़े किये गये उद्योगों में सौ सैकड़ा या दर्जनों में लोगों को काम मिलता है। दूसरी ओर कृषि के मशीनीकरण और पारंपरिक रोज़गार के क्षय से ग्रामीण समाज से लोगों का विस्थापन बड़े पैमाने पर होता है। इसके अलावा खनिज क्षेत्रों और वन प्रदेशों के उद्योगों द्वारा अधिग्रहण या नदियों की बिजली परियोजनाओं से भी भारी संख्या में लोगों का विस्थापन होता है, जो रोज़गार की तलाश में महानगरों की ओर पलायन करते हैं। लेकिन नये तरह के उद्योगों में उनके लिए जगह नहीं मिलती। इसलिए यंत्रहीन या बहुत ही आदिम ढंग के सहारे ही चलने वाले उद्यमों या ढुलाई, सड़क और आवासीय निर्माण-कार्य या घरों अथवा दुकानों में चाकरी जैसे काम ही से ऐसे आव्रजन आजीविका पाते हैं। इस तरह उत्पादन के क्षेत्र में एक अति लघु अत्याधुनिक उद्योग-धंधे विकसित होते हैं और चारों ओर तरह-तरह की सेवाओं और छोटे उद्यमों का विस्तार होता है। यह विकास मार्क्स की प्रारंभिक कल्पना से बिल्कुल भिन्न है, जिसमें बड़े उद्योगों में विशाल संख्या में श्रमिकों को काम की संभावना और उनके संगठन की तस्वीर दिखाई देती थी। दरअसल तथाकथित विकासशील देशों के महानगरों में संगठित क्षेत्र के समानांतर असंगठित क्षेत्र की एक दूसरी अर्थव्यवस्था कायम हो जाती है। इसमें कम आय वाले लोगों की ज़रूरतों को पूरा करने वाले लघु-उद्योगों और सेवाओं का विस्तार होता है। इस तरह की लाखों औद्योगिक इकाइयाँ, जो पारिवारिक श्रम या दो चार, कम मज़दूरी पर काम करने वाले, मज़दूरों के सहारे चलाये जाते हैं, अस्तित्व में आ जाते हैं। इसमें सिलाई, बुनाई, मरम्मत और फ़र्नीचर आदि तैयार करने के काम होते हैं। बड़ी संख्या में छोटी ढुलाई और परिवहन का काम करने वाले लोगों की एक अलग व्यवस्था कायम हो जाती है, जिसमें रिक्शे, रेहड़ी, ठेले आदि छोटी दूरी में मनुष्य और माल की ढुलाई करते हैं। इनकी कोई स्थायी आवासीय व्यवस्था नहीं होती और प्रायः ये चींटियों की बाँबियों की तरह विकसित होते हैं और नगर की व्यवस्था इन्हें कूड़े-कचरे की तरह साफ करती रहती है। अकेले दिल्ली महानगर में कोर्ट के आदेश से, ऐसे लाखों छोटे उद्यमों और घरों को अक्सर पुलिस और बुलडोजरों के सहारे हटाया जाता रहा है। लेकिन ग़रीब लोगों की ज़िन्दा रहने की लालसा इतनी प्रबल होती है कि वे इन अमानवीय दबावों के बीच एक जगह से विस्थापित होकर दूसरी जगह स्थापित हो जाते हैं। स्वयं महानगरों की व्यवस्था भी अपनी ज़रूरत के लिए इनसे निजात नहीं पा सकती। डिपार्टमेंट स्टोर और अब

जहाँ-तहाँ स्थापित होते शॉपिंग माल भी एक छोटे से संपन्न वर्गों की खुदरा वस्तुओं की ज़रूरत ही पूरा कर सकते हैं। इसके अलावा नगर के विस्तार और पॉश कॉलानियों के निर्माण के लिए भी बड़ी संख्या में निर्माण मज़दूरों की ज़रूरत होती है, जो प्रायः सबसे कम मज़दूरी पर काम करने वाले ग़रीब लोग होते हैं। इनके काम के स्थल बदलते रहते हैं। इनके लिए कोई एक स्थान देना संभव नहीं होता और कंस्ट्रक्शन कंपनियाँ मज़दूरों की आवासीय व्यवस्था का अतिरिक्त आर्थिक बोझ उठाने को तैयार नहीं होतीं। इस तरह विकासशील देशों के महानगरों में पॉश कॉलोनियों के साथ-साथ झुग्गियों और स्लम का विकास अनिवार्य रूप से जुड़ा होता है। इसी के साथ इन महानगरों में संपन्न लोगों के घरों में घरेलू धंधे में कम मज़दूरी पर काम करने वालों की भी एक बड़ी आबादी होती है और इनके परिवारों के लिए भी स्थान किसी झुग्गी में या ऐसे ही निचले स्तर के किसी दूसरे आवास में ही होता है। यही मजबूरी है, जिससे व्यवस्था अब उनके अस्तित्व को भी कबूल करने लगी है। दिल्ली ह्यूमन डेवलपमेंट रिपोर्ट 2006 में ही ऐसे चार तरह की आवासीय व्यवस्था का जिक्र किया गया है। ये हैं :

(1) वाल्ड सिटी यानी जो मुग़लकालीन नगर के अवशेष से जुड़े हैं।

(2) मान्यता प्राप्त अन-ऑथोराइज्ड कॉलोनी, जिनकी संख्या 567 बतलायी गई है।

(3) झुग्गी-झोंपड़ी रिसेट्लमेंट (जे जे कॉलोनी), इसमें 3570 कॉलोनियाँ हैं। इनमें कई किस्त में 240,000 परिवार को स्थान देने का दावा किया गया है, ये प्रायः दो कमरों के छोटे आवास होते हैं।

(4) झुग्गी-झोंपड़ियों के समूह। इनमें 2,59,000 परिवारों के रहने का अंदाज़ किया गया है। कुल मिलाकर झुग्गी-झोंपड़ी में रहने वाले परिवारों की संख्या 6,00,000 आँकी गयी है।

लेकिन गंदी बस्तियों, झुग्गियों और फुटपाथ पर गुज़ारा करने वालों की संख्या इससे कहीं अधिक हो सकती है। औद्योगिक विकास का सिलसिला ऐसा है कि गाँवों, जंगलों और पर्वतीय क्षेत्र सभी जगह से विस्थापित किसान, आदिवासी और मज़दूर जीवन की संभावना महानगरों में देखते हैं, जिनकी व्यवस्थित रोज़गार और जीवन की न्यूनतम आवश्यकताओं की आपूर्ति की क्षमता अत्यधिक कम है।

इसे मार्क्स के वर्ग संघर्ष की कल्पना के विपरीत दूसरे तरह के सांप्रदायिक, जातीय, क्षेत्रीय या मूल आधारित तनाव लोगों के मन और राजनीति पर हावी रहते हैं। इस व्यवस्था के भीतर लोगों के मानवीय जीवन की कोई संभावना

दिखाई नहीं देती। इसलिए लगातार लोगों में एक असंतोष का भाव बना रहता है—पर इसका निराकरण कहीं दिखाई नहीं देता। चीन में भी जहाँ के औद्योगिक विकास की चारों तरफ प्रशंसा होती है, यह समस्या बनी हुई है। वहाँ की तानाशाही व्यवस्था नगरों में मानव सैलाब को अनियंत्रित ढंग से आने से रोकने में असफल रही है। लेकिन जहाँ पूरब के तटीय प्रदेशों में एक हद तक ही व्यवस्थित औद्योगिक विकास हुआ है, वहीं अनुमान किया जाता है, पंद्रह से बीस करोड़ तक किसान खेती छोड़ रोज़गार की तलाश में भटक रहे हैं। अपने अत्यधिक तेज़ आर्थिक विकास के बावजूद उसके पास अतिरिक्त मानव-श्रम को सोखने की शक्ति नहीं है, क्योंकि अत्याधुनिक तकनीक में आदमियों को जज़्ब करने की क्षमता बहुत ही सीमित है।

लोगों की गहराती ग़रीबी और क्षेत्रीय विषमता से न सिर्फ़ मूल आधारित और धर्म आधारित तनाव बढ़ रहा है, बल्कि पड़ोसी राष्ट्रों के साथ भी तनाव और संघर्ष बढ़ा है, जिससे हथियारों की होड़ बढ़ी है। इससे विकसित औद्योगिक देशों को हथियार उद्योगों में मुनाफ़ा कमाने का बड़ा मौका मिलता है। जेम्स डीफेन्स वीकली के संयुक्त राज्य के काँग्रेस के शोध आधारित आँकड़ों के अनुसार 2005 में पिछले आठ वर्षों में सर्वाधिक 44.8 अरब डालर के हथियार बेचे गये, जिसका 68.5 प्रतिशत विकासशील देशों को बेचा गया। भारत ने सबसे अधिक 5.4 अरब डालर के हथियार खरीदे। इस तरह के युद्ध और तनाव से विकासशील देशों की आर्थिक स्थिति और खराब होती जाती है और औद्योगिक देशों को अपने युद्ध उद्योगों के लिए एक बृहत् बाजार उपलब्ध होता है। इसी माहौल में जहाँ मार्क्स की कल्पना के अनुसार पूँजीपतियों के खिलाफ़ मजदूरों का अन्तिम संघर्ष होना चाहिए था, धर्म और मूल के आधार पर दुनिया के ग़रीब लोग आपस में संघर्ष कर रहे हैं और एक अमरीकी इतिहासकार अट्टहास की मुद्रा में इस धर्मयुद्ध को सभ्यताओं के संघर्ष के रूप में पेश कर रहा है।[1]

एक और स्थिति जो मार्क्स की कल्पना से बाहर थी, वह मानव के औद्योगिक विकास से पर्यावरण पर पड़ने वाला प्रभाव है। मार्क्स के समय तक यह दिखाई नहीं देता था कि धरती एक सीमित नक्षत्र है, जिसके संसाधनों की एक सीमा है और उपभोग की वस्तुओं का असीमित विस्तार असंभव है। दरअसल मार्क्स और उनके बाद के ज़्यादातर मार्क्सवादी मनुष्य के विकास के अभियान को प्रकृति पर विजय पाने के अभियान के रूप में देखते थे। अब स्पष्ट है कि प्रकृति की कोख़

1. हंटिंगटन, क्लैश ऑफ़ सिविलाइजेशन्स।

से पैदा मनुष्य दूसरे सभी जीवों की तरह इसके संसाधनों की सीमा के अधीन है। इससे उत्पादन की मात्रा और दिशा दोनों पर नियंत्रण लग जाता है। इससे विशालता की बजाय छोटी और मध्यम आकार की प्रौद्योगिकी और सीमित उपभोग पर आधारित विकास ही संभव लगता है। ऐसे विकास में मानव-श्रम और उद्यम का महत्त्व बढ़ जाता है। यह सब देख मार्क्स को कुछ निराशा ज़रूर होती। लेकिन उन्हें इस बात का संतोष भी होता कि उनका बुनियादी सिद्धांत, जिसमें श्रम को सभी मूल्यों का, कम-से-कम सामाजिक विनिमय के मूल्यों का आधार माना था, वह और भी महत्त्व का सिद्ध होने जा रहा है। कहीं-न-कहीं मनुष्य अपने श्रम को केंद्र में रखकर ही प्रकृति के साथ तादात्म्य स्थापित कर चिरस्थायी विकास की बात सोच सकता है। इसका विकल्प पर्यावरण का क्षय और धरती से जीवन का अंत ही हो सकता है। अगर मार्क्स पूँजी का अन्तिम अध्याय लिख पाते तो शायद उनकी ध्वनि कुछ ऐसे ही होती।

परिशिष्ट

नियतिवाद और मानव स्वातंत्र्य

तक़दीर और तदबीर, संयोग और अवश्यंभाविता, स्वतंत्र एवं सुचिंतित कार्य योजना के अनुसार भविष्य-निर्माण और किसी बाह्य शक्ति द्वारा भविष्य का निर्धारण—ऐसे द्वैध अपने विविध रूपों में मानव-चिंतन में सदा मौजूद रहे हैं। यह विश्वास कि मनुष्य के कार्यकलापों एवं उसके आसपास की घटनाओं का निर्धारण बाहरी शक्तियों द्वारा होता है, इतना गहरा रहा है कि जहाँ ऐसी शक्तियाँ प्रत्यक्ष अनुभव में नहीं आतीं, वहाँ आदमी अपनी कल्पना में उनकी ईजाद करता रहता है। मनुष्य की पसंदगी और नापसंदगी से असंपृक्त प्रकृति की शक्तियों का एहसास तो आदमी को आदिकाल से रहा होगा। तूफान, अतिवृष्टि, बाढ़ आदि उसकी सुविधा-असुविधा का ख़याल किए बगैर आते होंगे और कभी-कभी कहर ढा चले जाते होंगे। यह ज़रूर रहा होगा कि आदमी प्रकृति में भी अपनी तरह का भाव देखता होगा, जिसमें नाराज़गी और मेहरबानी दोनों की संभावना निहित है। शायद इसी से इन शक्तियों की पूजा-अर्चना का प्रारंभ हुआ, ताकि इनके कोप का निवारण हो। अनिश्चय से मुक्ति की तलाश भी आदमी की आदिम अभिलाषा रही है। वह सदा इस आश्वस्ति की तलाश में रहा है कि उसकी हर छलाँग अंधकार में अनजान राहों की जगह ठोस धरातल पर हो।

विडंबना ही है कि अंधकार से प्रकाश की या अनिश्चय से निश्चय की तलाश उसे विविध तरह की शक्तियों और नियतिवाद से बाँधती रही है। चूँकि आदमी प्रकृति के मिज़ाज पर काबू पाने में असमर्थ था, उसकी कोशिश उन चिह्नों और सूचिकाओं को समझने की तरफ गई होगी, जिनसे प्राकृतिक आपदाओं के आगमन का कुछ पूर्वाभास मिल सके। इसमें निश्चित समय पर नियमपूर्वक आकाश में अपनी उपस्थिति दर्ज कराने वाले सूरज, चाँद, तारे और नक्षत्र रहे हैं। इसीलिए खगोलशास्त्र और इससे जुड़े गणित संसार-भर में अध्ययन का प्राचीनतम शास्त्र बन गए। सूर्य, चाँद, और नक्षत्रों को देख आदमी को ऋतुओं के परिवर्तन

का पूर्वानुमान होता होगा और यह भी ज्ञात होता होगा कि नदियाँ कब उफान पर होंगी और कब अपने सर्पिल और संकीर्ण तटों के भीतर। जैसे-जैसे खगोलशास्त्र के ज्ञान से नक्षत्रों के स्थान से धरती की घटनाओं को जोड़ा जाने लगा, लोगों में विचार पैदा हुआ कि नक्षत्र धरती की घटनाओं को प्रभावित करते हैं—न सिर्फ़ नदियों और ऋतुओं को, बल्कि लोगों के जीवन को भी इस तरह ज्योतिष शास्त्र के विकास के साथ-साथ फलित ज्योतिष और सामुद्रिक का विकास हुआ, जिसमें नक्षत्रों के प्रभाव को जीवन के उतार-चढ़ाव में अटल कारक के रूप में चिह्नित किया जाने लगा। यह मान्यता बनने लगी कि प्रकृति, समाज और मनुष्य सभी के जीवन की घटनाएँ पूर्व-निर्धारित होती हैं और एक अटल नियम के तहत घटित होती चलती हैं।

यहीं से यह सवाल भी उठा कि अगर सब कुछ पूर्व निर्धारित है तो उसमें मनुष्य के प्रयासों या उसके हस्तक्षेप की भूमिका क्या होगी? स्वयं प्रकृति की शक्तियों से बाहर या ऊपर खड़े ईश्वर की भूमिका इसमें क्या होगी? क्या इसमें कुछ बदला जा सकता है? फलित ज्योतिष का जवाब था, नहीं। ईसाई धर्म, जिसमें ईश्वरीय अनुकंपा का काफी महत्त्व था, इससे असहमत था और इसीलिए इसने इस शास्त्र को प्रतिबंधित करने की कोशिश की। लेकिन मामला खगोलशास्त्र तक सीमित नहीं रहा। मनुष्य जीवन के विभिन्न क्षेत्रों में अपनी ज़रूरतों को पूरा करने के लिए तरह-तरह के उद्यम में लगा रहता था; जैसे—शिकार, खेतीबाड़ी, यातायात आदि। इसमें उसे वस्तुओं के गुणों और व्यवहार को समझना होता था। इस तरह, खगोलशास्त्र के समानांतर दूसरे शास्त्र जैसे वनस्पति शास्त्र, रसायन शास्त्र, भौतिक शास्त्र आदि विकसित होने लगे और इनका अध्ययन जितना ही गहन होता गया, उतना ही यह एहसास बढ़ा कि भौतिक पदार्थों के व्यवहार भी कुछ वैसे ही अटल नियमों में बँधे हैं, जैसे नक्षत्रों की गति। नतीजतन सारे संसार की घटनाओं को कम-से-कम या एकल भौतिक नियम में बाँधने की कोशिश हुई। इन सबसे सारे संसार को अटल नियमों से बँधा देखने की प्रवृत्ति पैदा हुई। यह रुझान आगे चलकर मानव समाज को भी अपने दायरे में लाने लगा। लेकिन विज्ञान के विकास के पहले से ही सामाजिक घटनाओं को पूर्व निर्धारित नियति में बाँधने का रुझान इतना प्राचीन और इतना व्यापक है कि एक-दूसरे से बिल्कुल अलग सभ्यताओं से लेकर आदिम समाजों की पुराकथाओं तक में इसे देखा जा सकता है।

घटनाओं की अनिवार्यता को व्यक्त करने के लिए यूनानी ट्रेजेडी से इसकी तुलना लगभग एक मुहावरे की तरह की जाती है। इसमें घटनाओं की एक

अटलनीय प्रक्रिया किसी पूर्व-निर्धारित परिणति तक ले जाती है। दिलचस्प है कि हमारे रामायण और महाभारत जैसे महाकाव्यों में भी घटनाओं को पूर्वकाल या युग की किसी दूसरी घटना के परिणाम के रूप में ही देखा जाता है, मानो समय की बिसात पर सभी मोहरों के स्थान पूर्व-निर्धारित हों। कहीं-कहीं यह नियतिवाद जीवन को दिशा देने में एक अकाट्य तर्क बन गया। इसका सबसे बड़ा उदाहरण गीता में अर्जुन को कृष्ण द्वारा दिया गया उपदेश है। जब कृष्ण अर्जुन को गुरु, पितामह आदि की हत्या के औचित्य का कोई तर्क नहीं दे पाए तो उन्होंने अपना विराट रूप दिखला दिया, जिसमें इन सभी को अनिवार्य रूप से काल के मुँह में जाते दिखलाया गया। इससे संपत्ति के लिए परिजनों की हत्या जघन्य अपराध की जगह विधान-विहित कर्त्तव्य बन गई। इस तरह का नियतिवाद मनुष्य को अपने काम की सफलता की आश्वस्ति और अपने दुष्कर्मों के पश्चात्ताप से मुक्ति, दोनों ही दिलाने का काम करता है।

अब हम नियतिवाद के आधुनिक रूपों और परिणामों पर विचार करें और इस पर भी विचार करें कि क्या कुछ ऐसा भी है, ज़ो आदमी को ऐसी नियतिवादी सोच से मुक्त कर अपने भविष्य का स्वतंत्र निर्माता बनने का अवसर देता है?

पश्चिमी दुनिया में सत्तरहवीं और अठारहवीं शताब्दी से विज्ञान के क्षेत्र में होने वाले तेज़ विकास ने संसार और समाज को समझने के प्रयास को नई दिशा दी और दर्शनशास्त्र में भी विज्ञान की कार्य-कारण प्रक्रिया की कसौटी पर संसार और समाज की घटनाओं को समझने का रुझान पैदा हुआ। इस दिशा में सबसे अधिक प्रभाव उन्नीसवीं शताब्दी के दार्शनिक हीगेल का पड़ा। हीगेल के अनुसार, प्रकृति की नियमबद्धता और अनिवार्यता की तर्ज पर ही मनुष्य ने समाज का निर्माण किया है, जिस पर अनिवार्यता का नियम लागू होता है और स्वतंत्रता स्वेच्छा से इन नियमों के आगे आत्मसमर्पण है। वह संसार को एक समग्र चैतन्य (एब्सोल्यूट स्पिरिट) की अभिव्यक्ति के रूप में देखता था। कुछ भी इसके बाहर नहीं था और इसे टुकड़ों में समझना असंभव था। यह चैतन्य अपने आपको एक द्वंद्वात्मक प्रक्रिया से उद्घाटित करता चलता था, जो प्रक्रिया है प्रमेय, प्रतिप्रमेय और इनका संश्लेषण। यह संश्लेषण स्वयं एक प्रमेय बन प्रतिप्रमेय और संश्लेषण की एक नई शृंखला शुरू करता है। यह द्वंद्वात्मक तर्क-प्रणाली बाद में मार्क्सवादी चिंतन के प्रसार से सुपरिचित हो चुकी है। हीगेल के दर्शन की विशिष्टता यह थी कि यह बाह्य या वस्तु जगत को इस चेतना के उद्घाटन के रूप में ही देखता था। वह अपने क़ानून का दर्शन (फिलॉसॉफी ऑफ़ लॉ) में कहता है :

"संसार में सर्वव्यापी न्याय की अभिव्यक्ति एक नैतिक व्यवस्था के रूप में होती है। इस तरह कर्तव्य, स्वतंत्रता को सीमित करना नहीं, बल्कि व्यक्ति की काल्पनिक स्वतंत्रता को सीमित कर सर्वव्यापी स्वतंत्रता में शामिल होना है। कर्तव्य में हम अपनी आज़ादी का निचोड़ प्राप्त करते हैं, यानी सकारात्मक आज़ादी प्राप्त करते हैं...यह एक ऐसा आत्मबलिदान है, जिसमें असली आज़ादी अंतर्निहित है—आदमी के व्यक्तित्व की संपूर्ण प्रतिष्ठा, लेकिन एक समाहित करने वाली बाहरी संरचना के पुर्जे के रूप में—पूर्ण आज्ञा पालन, निजी राय का परित्याग, मन (माइंड) का परित्याग, जो दरअसल बुद्धि या मन को इसकी संपूर्णता में लगाना है।"

यहाँ दो बातें ध्यान देने योग्य हैं। एक तो यह कि हीगेल की दृष्टि में प्रशिया की राज्यव्यवस्था ही धरती पर विश्वात्मा (वर्ल्ड स्पिरिट) की अभिव्यक्ति का उत्कृष्ट रूप है। दूसरे, इसमें नवोदित मशीन युग की मनोवृत्ति की अभिव्यक्ति भी है, जहाँ सारी व्यवस्था मशीन के ढाँचे के तहत चलती है। इसमें व्यक्ति एक पुर्जे की तरह मशीन के पूर्वनिर्धारित उद्देश्यों से परिचालित होता है। राज्य की पूजा और व्यक्ति की इच्छा को राज्य की इच्छा में समाहित करने का यह रुझान बाद में एक हद तक फासीवाद में भी दिखाई देता है, हालाँकि बीच के लोकतांत्रिक अंतराल और तकनीक के अत्यधिक विकास ने अधिनायकवाद के प्रति लोगों की स्वैच्छिक स्वीकृति के दायरे को न सिर्फ़ संकीर्ण बना दिया था, बल्कि इसके छद्म का भी पर्दाफाश कर दिया।

यही वह बिन्दु है, जहाँ मार्क्स का द्वंद्वात्मक भौतिकवाद इस मान्यता को उलट देता है कि भौतिक जगत चेतना की अभिव्यक्ति है और उसकी जगह यह स्थापना देता है कि मनुष्य की चेतना भौतिक जगत की प्रतिछाया मात्र है। लेकिन यह हीगेल की द्वंद्वात्मक प्रक्रिया और इसमें घटनाओं की अनिवार्यता को बनाए रखता है। यहाँ भी कार्य-कारण की शृंखला की अटलनीयता कायम है। लेकिन यह सब भौतिक संसार में भौतिक नियम के तहत होता है।

मार्क्स की मूल दृष्टि 'क्रिटिक ऑफ पॉलिटिकल इकॉनॉमी' की भूमिका में इन विख्यात पंक्तियों में अभिव्यक्त होती है : "जीवन के लिए सामाजिक उत्पादन प्रक्रिया में मनुष्य कुछ निश्चित संबंध स्थापित करते हैं जो उनकी इच्छा से स्वतंत्र होते हैं—यानी, उत्पादन संबंध, जो उत्पादन की शक्तियों के विकास के एक निश्चित स्तर से संबद्ध होते हैं। इन उत्पादन संबंधों का योग समाज की आर्थिक संरचना तैयार करता है—वह असली आर्थिक आधार, जिसके ऊपर राजनीतिक

और कानूनी ढाँचा खड़ा होता है और जिससे विशेष तरह की सामाजिक चेतना बनती है। भौतिक जीवन के उत्पादन का आधार, मोटे तौर पर सामाजिक, राजनीतिक और बौद्धिक जीवन की प्रक्रिया को अनुकूलित करता है। यह मनुष्य की चेतना नहीं है, जो उसके सामाजिक अस्तित्व को निर्धारित करती है, बल्कि यह मनुष्य का सामाजिक अस्तित्व है जो उसके बोध को निर्धारित करता है....उत्पादन की शक्तियों के विकास के रूपाकार की जगह ये संबंध उसकी बेड़ी बन जाते हैं। इसके बाद सामाजिक क्रांतियों का एक सिलसिला शुरू होता है। आर्थिक आधार के बदलाव के साथ यह ऊपरी ढाँचा लगभग पूरी तरह बदल जाता है। इन परिवर्तनों का अध्ययन करते समय सदा एक फ़र्क़ ध्यान में रखना चाहिए यानी आर्थिक उत्पादन के भौतिक आधार में परिवर्तन—जिसे भौतिक विज्ञान की तर्ज पर सुनिश्चित किया जा सकता है—कानूनी, राजनैतिक, धार्मिक, सौंदर्यशास्त्रीय और दार्शनिक, थोड़े में विचारधारात्मक आधार से फ़र्क़, जिसमें लोग इस संघर्ष के प्रति संवेदनशील होते हैं और संघर्ष करते हैं।"

इस भौतिक आधार पर मार्क्स सामाजिक घटनाओं को एक ऐतिहासिक नियम में बँधा देखते हैं, जिसका मूल कारक उत्पादन की शक्तियों, यानी उत्पादन की तकनीक का विकास है। यह विकास उनके अनुसार एक स्वायत्त प्रक्रिया है, जिससे उत्पादन संबंध और बाक़ी सामाजिक संबंध निर्धारित होते चलते हैं। वह इतिहास के विविध कालखंडों को तकनीक के विकास की इसी स्वायत्त प्रक्रिया से जोड़ते हैं। उनके मुताबिक आदिम साम्यवाद के बाद से इस विकास-प्रक्रिया में क्रमशः गुलामी प्रथा, सामंती व्यवस्था और अंत में पूँजीवादी व्यवस्था का उदय हुआ। उनके अनुसार पूँजीवादी व्यवस्था एक स्तर पर पहुँचकर तकनीक के फैलाव के रास्ते में अवरोध बन जाती है। इसलिए अनिवार्य रूप से एक सर्वहारा क्रांति इस व्यवस्था को ध्वस्त कर समाजवादी व्यवस्था की ओर संक्रमण शुरू करेगी।

इस विचार से हमारे समय में लोग पूरी तरह सुपरिचित हो चुके हैं। इसमें दो बातें अस्पष्ट हैं। एक तो मार्क्स ने पूँजीवादी व्यवस्था की तकनीक का तो विस्तार से वर्णन किया है, लेकिन कुछ धुँधले संकेतों को छोड़कर कहीं यह नहीं बतलाया कि गुलामी की व्यवस्था कैसी तकनीक का नतीजा थी और फिर इससे सामंतवाद की ओर संक्रमण तकनीक के कैसे परिवर्तनों से हुआ। दूसरे, मार्क्स ने अपनी पुस्तक 'पूँजी' के तृतीय भाग में बतलाया है कि मशीनों में ऐसे सुधार, जिनसे मशीनों की उत्पादकता बढ़ाकर मज़दूरों की संख्या घटाई जा सके, पूँजीपतियों की आपसी प्रतिस्पर्धा का नतीजा थे। तकनीक के इसी विकास को उन्होंने घटते

अतिरिक्त मूल्य के रुझान से जोड़ा था। अगर ऐसा है, तो तकनीक के विकास की प्रक्रिया स्वायत्त नहीं है, बल्कि समाज की या वर्ग विशेष की सुविधा से निर्धारित होती है। इसके बावजूद यह विश्वास आधुनिक चेतना में व्याप्त है कि तकनीक का विकास एक स्वायत्त प्रक्रिया है और इसे बदला नहीं जा सकता। अगर यह मान लिया जाए, तो सामाजिक जीवन को तकनीक के इस अपरिवर्तनीय विकास की दिशा के अनुसार ही ढालना पड़ेगा। इस पर हम आगे विचार करेंगे। यहाँ हम मार्क्सवादियों के नेतृत्व में चलने वाले समाजवादी आंदोलन पर इस सोच के प्रभाव पर विचार करेंगे।

मार्क्स ने किसी पूर्व-निर्धारित ख़ाके के अनुसार समाज-रचना के प्रयोगों को यूटोपियन मानकर ख़ारिज कर दिया था। उनके अनुसार, समाजवाद उत्पादन की शक्तियों और उनके संबंधों से अनिवार्य रूप से पैदा होने वाले वर्ग संघर्ष यानी पूँजीपति वर्ग और सर्वहारा वर्ग के संघर्ष से पैदा सामाजिक क्रांति का अनिवार्य परिणाम होगा। कम्युनिस्ट क्रांतिकारियों का एकमात्र प्रयास होगा, ऐसी क्रांति को सफल बनाने का। दरअसल, ऐसी क्रांति और इसके बाद समाजवाद की ओर संक्रमण मार्क्स के ऐतिहासिक भौतिकवाद के सिद्धांत के अनुसार अटल है। कम्युनिस्टों का काम सिर्फ कोई अवरोध न मानने वाली इस धारा के साथ अपने को जोड़ देना भर है। एक बार पूँजीपति वर्ग के हाथ से उत्पादन के साधनों को छीन लेने पर अनिवार्य रूप से एक ऐसे समाज की स्थापना होगी, जिसमें किसी तरह की विषमता नहीं होगी और राज्यसत्ता, जो शासक वर्ग का आधिपत्य कायम रखने का हथियार है, स्वतः विघटित हो जाएगी।

यह क्रांति की एक अत्यंत ही मोहक तस्वीर थी। लेकिन इसमें सबसे सशक्त अपील उस आश्वस्ति की थी, जैसी आश्वस्ति धार्मिक समूहों के अनुयायियों में मोक्ष या बहिश्त का अटल विश्वास पैदा होने से आती है। इससे क्रांति में महान लक्ष्य की अनिवार्यता के मद्देनज़र हर तरह के अमानवीय दमन की छूट क्रांतिकारियों को मिल गई। रूस की 1917 की क्रांति में स्वयं लेनिन के विचार और उसके व्यवहार के बीच की यह फाँक इस रुझान को उजागर करती है। क्रांति के पहले अपनी पुस्तक 'राज्य और क्रांति' में और क्रांति के चंद महीने पहले की 'अप्रिल थीसिस' नाम से विख्यात अपनी प्रस्थापना में लेनिन ने संक्रमणकालीन मज़दूर राज्य की एक ऐसी तस्वीर पेश की थी, जिसमें किसी तरह की दमनकारी केंद्रीय व्यवस्था की गुंजाइश नहीं थी। यह संक्रमणकालीन राज्य ऐसा होना था, जिसमें कोई स्थायी सेना या नौकरशाही की जगह नहीं थी—बहत कुछ वामपंथियों में

चर्चित 1871 के पेरिस कम्यून के तर्ज पर। यह विचार उस समय दूसरे मार्क्सवादियों को पूरी तरह अराजकतावादी लगा था। लेकिन एक बार सत्ता हाथ में आ जाने पर किसी भी क़ीमत पर सत्ता को बचाए रखना इतना महत्त्वपूर्ण लगने लगा कि युद्धों में वर्जित और अति निंदित उपायों का सहारा लिया जाने लगा। इसमें एक था प्रतिद्वंद्वियों को बंधक (हॉस्टेज) बनाने की नीति। यह अब तक की सभी लोकतांत्रिक और समाजवादी मान्यताओं के इतना विपरीत था कि रोजा लक्जमबर्ग ने, जो उस समय यूरोप के मार्क्सवादियों में लेनिन की सबसे क़रीबी थीं, इसका कड़ा विरोध किया था। रूस के बोल्शेविकों का तर्क था कि उनकी प्राथमिकता क्रांति को किसी भी कीमत पर बचाए रखने की है, क्योंकि क्रांति की सफलता से इसमें आई विकृतियाँ स्वतः दूर हो जाएँगी।

परंतु सामाजिक क्रांति कोई अचानक एक दिन होने वाली घटना नहीं होती। यह तो वर्षों और दशकों में लक्ष्य तक पहुँचने की लंबी प्रक्रिया होती है। अगर अंतिम लक्ष्य की अवश्यंभाविता की आश्वस्ति नहीं होती, तो तात्कालिकता पर बल दिया जाता, क्योंकि आज उठाए गए क़दम उस शृंखला की कड़ी बनाते हैं, जिससे भविष्य की तस्वीर उभरती है। पर भविष्य के प्रति आश्वस्त बोल्शेविक नेताओं को सिर्फ 'सोवियत सत्ता' को बनाने की धुन थी। सत्ता के साथ अनिवार्य रूप से कुछ सुविधाएँ और विशेषाधिकार भी जुड़ जाते हैं। इसलिए साम्यवाद के भविष्य को सुरक्षित रखने के लिए वर्तमान में एक-एक कर सभी लोकतांत्रिक और समतावादी अधिकार ख़त्म कर दिए गए और सोवियत संघ एक कठोर तानाशाही में बदल गया। बीसवीं शताब्दी का अंतिम दशक आते-आते सोवियत संघ का तो विघटन हो गया, लेकिन तकनीकी नियतिवाद पर आधारित एक नए अधिनायकवाद का श्रीगणेश हुआ, जिसकी जड़ें ज़्यादा गहरी हैं, क्योंकि यह तकनीकी नियतिवाद के मूल्यों को आत्मसात् करने से उपजा है। हर आधुनिक आदमी पहले मानसिक रूप से इसके प्रतिपादनों का गुलाम बनता है और फिर अपने आसपास इन मान्यताओं का ऐसा ताना-बाना बुनता है कि जीवन का कोई भी हिस्सा इसके वृत्त से बाहर नहीं होता।

यह विडंबना ही है कि मार्क्स का यह कथन कि पूँजीवाद, जो तकनीकी आधार तैयार करता है, आगे चलकर यह व्यवस्था स्वयं उस तकनीक के विस्तार की संभावनाओं के लिए बाधा बन जाती है, पूरी तरह ग़लत साबित हुआ। उल्टे यह दिखाई देने लगा कि पूँजीवाद को नष्ट कर समाजवाद के नाम से जो व्यवस्था बनाई गई, दरअसल उसी व्यवस्था के मूल्य नई तकनीकी के प्रसार में बाधा बन

रहे हैं। नतीजा हुआ कि पूँजीवादी व्यवस्था से तकनीकी वरीयता की होड़ में समाजवादी कही जाने वाली व्यवस्था ही पिछड़ने लगी और एक बिंदु पर पहुँचकर ध्वस्त हो गई।

इस प्रत्याशित विकास को समझने की ज़रूरत है। तकनीक का विकास प्राचीन प्रस्तर युग से लगातार होता रहा है। नई तकनीक का विकास सदा लोगों की नई आवश्यकताओं की पूर्ति के लिए होता था। अगर तकनीक किसी काल की आवश्यकताओं की पूर्ति कर देती थी, तो फिर छोटे-मोटे सुधारों को छोड़ तकनीक बदलने या नई तकनीक विकसित करने की ज़रूरत नहीं महसूस की जाती थी। इसीलिए भारत जैसी प्राचीन सभ्यताओं में खेती या उद्योगों में व्यवहार में लाए जाने वाले औज़ारों या उत्पादन के तौर-तरीक़े में हज़ारों वर्ष में मूलभूत बदलाव नहीं आए। बाहर से आने वाले नए मानव समूहों की जीवन-पद्धति और व्यवहारों के अनुरूप कुछ नई तकनीक या तो उनसे ग्रहण की गई या विकसित की गई। मसलन सिले वस्त्रों का प्रचलन। इस तकनीकी स्थायित्व को प्रायः ठहराव (अंग्रेज़ी शब्द, स्टेगनेशन) कहा जाता है।

यह दृष्टि भी नई है। पहले हर नए बदलाव को संदेह की दृष्टि से देखा जाता था। सत्रहवीं शताब्दी से लेकर उन्नीसवीं सदी के प्रारंभ तक यूरोप के औद्योगिक और आर्थिक ढाँचे में जो बदलाव आए, उन्होंने आदमी की आवश्यकता और तकनीक, दोनों के संबंध में लोगों के विचारों को बिलकुल बदल दिया। अब उत्पादन ज़रूरत की पूर्ति के बजाय मूलतः व्यापारिक लाभ के लिए शुरू हुआ। बाज़ार पर क़ब्ज़ा जमाने के लिए रोज़ नए उत्पाद और उत्पादन पद्धतियाँ विकसित की जाने लगीं। इसी मानसिकता की झलक हम मौजूदा वैश्वीकरण के दौर में उत्पाद और उत्पादन-पद्धति दोनों पर पेटेंट क़ानूनों के तहत एकाधिकार के प्रयास में देखते हैं। बाज़ार पर आधिपत्य के लिए दोनों पर पकड़ ज़रूरी हो गई।

आदमी की ज़रूरतें सीमित होती हैं—राजा-महाराजाओं की भी। आभूषणों, कुछ रत्नजटित मुकुटों और सिंहासनों की प्राप्ति के बाद राजा और प्रजा की ज़रूरतों में कोई बड़ा फ़र्क़ नहीं होता था। फ़र्क़ अभाव और अकाल की स्थितियों में ही दिखाई देता था, जब आम जन भूख और मौत के शिकार होते थे। इस अभाव की पूर्ति भी उत्पादन को बढ़ाकर की जा सकती थी। लेकिन अगर उत्पादन और विनिमय सिर्फ़ मुनाफ़े के लिए हो तो इसकी कोई सीमा नहीं हो सकती। मुनाफ़े की कोई ऐसी निर्धारित सीमा नहीं, जहाँ खरबपति कह दे कि अब मुनाफ़े की सीमा आ गई। इसी तरह, अगर उत्पादन सिर्फ़ मुनाफ़े के लिए हो, तो इस पर

लोगों की आवश्यकताओं से कोई सीमा नहीं लग सकती, क्योंकि नई औद्योगिक पद्धति हर रोज़ किसी-न-किसी अकल्पित उत्पाद का आविष्कार कर रही है और विज्ञापनों के ज़रिए लोगों में इनको पाने की चाहत पैदा करती है। इसके पहले कि कोई नया उत्पाद सभी लोगों को उपलब्ध हो सके, नए उत्पाद बाज़ार में आ जाते हैं और इन्हें पाने की आपाधापी शुरू हो जाती है।

समाजवादी व्यवस्था का लक्ष्य था लोगों की ज़रूरतों की पूर्ति—इस हद तक कि सभी लोगों को उनकी ज़रूरतों के लायक़ वस्तुएँ उपलब्ध हो सकें। लेकिन अगर एक ऐसी दुनिया का निर्माण हो, जहाँ रोज़ नई ज़रूरतें पैदा होती हैं—अंतरिक्ष पर्यटन जैसी ज़रूरतें भी—तो कौन-सा समाज इनकी पूर्ति कर सकता है? पूँजीवादी समाज भी मुट्ठी-भर लोगों के लिए ही ऐसी ज़रूरतों की पूर्ति कर सकता है। लेकिन पूँजीवादी समाज सभी लोगों की ज़रूरतों को पूरा करने के लिए बनाया भी नहीं गया है। इसका लक्ष्य है मुनाफ़ा और इसके लिए बाज़ार पैदा करना।

पूँजीवादी प्रतिस्पर्धा में तकनीक के विकास की दिशा होती है श्रमिकों की संख्या कम कर श्रम पर होने वाले ख़र्च को अपने प्रतिस्पर्धियों के मुक़ाबले कम करना। इसके विपरीत, समाजवादी लक्ष्य था श्रम करने लायक़ सभी व्यक्तियों को रोज़गार देना। आदमी आदतों का ग़ुलाम होता है। इस तरह सतही दृष्टि से देखने पर तकनीक की उत्कृष्टता भी इसी में दिखाई देने लगी कि ज़्यादा-से-ज़्यादा काम, जिसमें मानव-श्रम लगता हो, मशीन कर सके।

कुछ ऐसी स्थितियाँ ज़रूर हो सकती हैं, जहाँ मनुष्य का काम मशीन से कराना आवश्यक हो, जैसे कुछ ख़तरनाक कामों के लिए। अन्य स्थानों पर कहाँ मशीन लगे, कहाँ मनुष्य, यह संपूर्ण लागत और ऊर्जा जैसे संसाधनों की उपलब्धता या स्वास्थ्य पर होने वाले परिणाम इन सबको ध्यान में रखकर ही हो सकता है और बहुत काम ऐसे भी हैं, जहाँ मानव-श्रम समग्रता में श्रेष्ठ साबित होता है। लेकिन प्रतिस्पर्धा और मुनाफ़े की दौड़ में लोगों को मशीनीकरण की पूँजीवादी प्रक्रिया अधिक लाभदायक लगी। इस तरह एक आम राय बनी कि तकनीकी विकास का अर्थ है मानव की जगह अधिकतम कामों के लिए किसी ग़ैर-मानवीय ऊर्जा पर आधारित मशीनों का उपयोग। सोवियत संघ दो विपरीत दबावों में फँस कर ध्वस्त हो गया यानी एक तरफ़ पूँजीवादी व्यवस्था से व्यापारिक प्रतिस्पर्धा के मानकों को अपनाने के दबाव और दूसरी तरफ़ अपने प्रारंभिक समाजवादी मानकों को ढोते चलने की मजबूरी। लेकिन कुल मिलाकर तकनीक के स्वायत्त विकास की एक ऐसी छवि बनी, जो मूलतः पूँजीवादी विकास का पर्याय बन गई।

मार्क्स ने ऐतिहासिक भौतिकवाद को जिस तरह परिभाषित किया था, उसके केंद्र में तकनीक के स्वायत्त विकास की कल्पना थी। इससे ऐतिहासिक भौतिकवाद कुल मिलाकर तकनीकी नियतिवाद की ओर ले जाता है। लेकिन मनुष्य के सार्विक कल्याण की कल्पना, जो समाजवाद के मूल में थी, इसमें आड़े आती थी। इस तरह तकनीक के विकास को कसौटी मानकर चलने वाली तथाकथित समाजवादी व्यवस्थाएँ एक-एक कर पूँजीवादी मूल्यों और व्यवस्था को पूरी तरह क़बूल करने लगीं। इस अर्थ में इतिहास के अंत के उद्घोष में एक तरह की सच्चाई है। पूँजीवादी व्यवस्था तकनीकी नियतिवाद की परिणति और आदर्श स्थिति है। इसमें बदलाव के कारक नदारद हैं। मार्क्सवादी दार्शनिक हर्बर्ट मार्क्यूज जिन्होंने गहराई से फासिस्ट पूँजीवादी जर्मनी और लोकतांत्रिक पूँजीवादी अमेरिका दोनों के तकनीकी दृष्टि से अत्यधिक विकसित समाजों को और उनके उत्प्रेरक तकनीकी रुझानों को समझा था, इस स्थिति को इन शब्दों में व्यक्त करते हैं :

"इस विश्व में तकनीक आदमी की दासता को असाधारण तार्किकता प्रदान करती है और यह प्रदर्शित करती है कि तकनीकी दृष्टि से मनुष्य का स्वायत्त होना या अपने जीवन का स्वयं निर्धारण करना कैसे असंभव है, क्योंकि यह परवशता न तो बुद्धि से असंगत लगती है और न राजनीतिक। बल्कि यह उस तकनीकी यंत्र विधान के सामने सिर झुकाने लगती है, जो जीवन की सुविधाओं और श्रम की उत्पादकता को बढ़ाता है। इस तरह तकनीकी तार्किकता लोगों पर वर्चस्व के औचित्य का विरोध करने के बजाय उसे बल देती है और बुद्धि का यांत्रिक क्षितिज उन्हें एक सर्वशक्तिवादी समाज की ओर ले जाता है।" (वन-डाइमेंशनल मैन)

अब तक मनुष्य इतिहास को जिस अर्थ में समझता रहा है, वह मनुष्य के सुख-दुःख, उत्थान-पतन और आदमी के अपने उत्कर्ष के लिए नैसर्गिक और सामाजिक परिस्थितियों से लड़ने की कहानी थी। यह सब अब गौण हो गया है, क्योंकि आदमी की गरिमा, उसका दुःख-सुख और उसका जीवन इस व्यवस्था के लिए हाशिए की वस्तु बन गया है। आदमी अंतरिक्ष यान से चंद्रमा और ग्रहों पर पहुँचने के प्रयास में लगा है। ऐसे यानों की दुर्घटना और उनमें मरने वाले लोग चर्चा और यादगारों के केंद्र में हैं, क्योंकि एक अर्थ में ये तकनीक की विकास-यात्रा के शहीद हैं। एक तरफ राजमार्गों की रेशमी सतहों पर रंग-बिरंगी चमचमाती मोटरगाड़ियाँ और आसमान में तरह-तरह के वायुयान एक तिलस्मी दुनिया की तस्वीर उपस्थित करते हैं। दूसरी ओर क़र्ज़ के बोझ से आत्महत्या करते किसान, भूख और कुपोषण से मरने वाले करोड़ों लोग, महीने के कुछ दिन अन्न के अभाव

में भूखे सो जाने वाले दूसरे कुछ करोड़ लोग व्यवस्था चलाने वाले लोगों के लिए उनकी विकास-यात्रा में आने वाले व्यवधान-भर हैं, जिन्हें कुछ दान-दक्षिणा या राहत देकर टाल दिया जाता है। बड़े अखबारों के मुखपृष्ठों पर चमचमाते फ़िल्मी और क्रिकेट सितारों तथा पर्यटन केंद्रों के रंगीन और रमणीय दृश्यों के बीच ऐसी ख़बरें दुखदायी अंतराल की तरह कभी-कभी हमें परेशान-भर कर जाती हैं। ये मात्र दुःस्वप्न हैं, इस तकनीकी संसार के मूल प्रसंग नहीं। मार्क्स को हीगेल से विरासत में मिली द्वन्द्वात्मक इतिहास-दृष्टि में इतिहास की अबाध यात्रा के क्रम में नष्ट हो जाने वाले व्यक्तियों और समूहों के लिए आँसू बहाना निष्प्रयोजन है, क्योंकि ये विकास के अटलनीय चरण हैं।

इस दृष्टि को काफ़ी बल मिला मार्क्स के समकालीन जीव वैज्ञानिक डार्विन के विकासवाद से। डार्विन के सिद्धांत के अनुसार जीवों का विकास एक प्राकृतिक चयन-प्रक्रिया (नेचुरल सेलेक्शन) के तहत होता है। इस प्रक्रिया में जिन जीवों में कुछ जीवनोपयोगी नए गुण विकसित हो जाते हैं, वे विकास की दौड़ में आगे निकल जाते हैं और इन गुणों से वंचित जीव जीवन के संघर्ष में विनष्ट हो जाते हैं। इस विचार की एक विकृत समझदारी डार्विन के मत को प्रसारित करने वाले वैज्ञानिक थॉमस हक्सले में मिली। उन्होंने प्राकृतिक चयन के बजाय उसके विचार को सक्षमतम के जीवित बचने (सर्वाइवल ऑफ़ द फिटेस्ट) के सिद्धांत के रूप में पेश किया। इसी विचार को अर्थशास्त्रियों में लोकप्रिय हो रहे उन्मुक्त व्यापारिक प्रतिस्पर्धा (लेसे फेअर) के सिद्धांत के समर्थन में पेश किया गया। इस विचार के अनुसार जिस तरह जीव-जगत में मात्र सक्षमतम को जीवित रहने का अधिकार है, अर्थ-जगत में सबसे सक्षम तकनीक और इस आधार पर आगे निकलने वाले औद्योगिक उद्यमियों को अस्तित्व में रहने का अधिकार है; पिछड़ी तकनीक और पिछड़ते उद्यम और उद्यमियों का लोप प्राकृतिक नियम द्वारा निर्धारित एक अटल नियम है।

मनुष्य दूसरे जीवों की तरह अपने जैविक अतीत और इसके विकास की अनिवार्य प्रक्रिया से बँधा हुआ है, यह विचार भी बीसवीं शताब्दी के अंतिम चरण में प्रतिपादित होने लगा। एडवर्ड ओ विल्सन ने 1972 में अपनी पुस्तक 'सोशियो-बॉयोलॉजी' और बाद में 1988 में अपनी पुस्तक 'ऑन ह्यूमन नेचर' में यह विचार प्रतिपादित किया कि कुल मिलाकर मनुष्य का सारा व्यवहार उसकी आनुवंशिकी से निर्धारित होता है और संस्कृति भी इसी से निर्धारित होती है। इस प्रतिपादन ने आर्थिक और सामाजिक क्षेत्र में विकसित हो रही तकनीकी और

आर्थिक नियतिवाद को एक नया वैज्ञानिक तर्क दिया। पुस्तक के उपसंहार के रूप में उन्होंने जो विचार दिए हैं, वे वर्तमान औद्योगिक उपभोक्तावादी समाज में वैज्ञानिकों के एक हिस्से की मानसिकता को काफ़ी कुछ उजागर करते हैं। वह लिखते हैं :

"जैसे-जैसे समाजशास्त्र भविष्यवाणी करने योग्य अनुशासन में तब्दील होता जाएगा, वैसे-वैसे मनुष्य के संभावित गंतव्य का दायरा अधिक संकीर्ण होता जाएगा। लेकिन हमारे वंशज इस पर ज़्यादा दूर तक देख पाएँगे। समय के साथ सामाजिक व्यवहार के आनुवंशिक आधार को समझने की क्षमता संचित होती जाएगी और गुण-सूत्रों (जीन्स) के संबंधों को आणविक तकनीक से बदलने की क्षमता और क्लोनिंग के ज़रिए प्राकृतिक चयन-प्रक्रिया को त्वरण प्रदान किया जा सकेगा। कम-से-कम, युजेनिक्स (नस्लीय गुण बदलने की तकनीक) की पारंपरिक विधि से धीरे-धीरे विकास में परिवर्तन की प्रक्रिया तो चलाई ही जा सकती है, मानव प्रजाति स्वयं अपना स्वभाव बदल सकती है।"

तकनीकी नियतिवाद की यह आत्यंतिक अभिव्यक्ति है। इस दृष्टि को अपनाने से वर्तमान औद्योगिक सभ्यता को मानव से जो भी अवरोध होता है, उसे मिटाया जा सकता है। आल्डुअस हक्सले ने बीसवीं शताब्दी के प्रथम चरण में इसी दृष्टि पर व्यंग्य के रूप में अपनी पुस्तक 'द ब्रेव न्यू वर्ल्ड लिखी थी', जिसमें जैविक तकनीक का प्रयोग कर विभिन्न कामों के अनुरूप मानव स्वभाव तैयार कर इसके आधार पर की गई समाज की संरचना का विवरण है। अगर जैविक तकनीक से इस तरह के मानव तैयार किए जा सकें तो औद्योगिक प्रतिष्ठानों के वर्चस्व को जिस तरह की चुनौतियाँ दुनिया के विभिन्न अंचलों में मिल रही हैं, वे स्वतः ख़त्म हो जाएँगी।

लेकिन तकनीकी नियतिवाद की जो आतंकित करने वाली तस्वीर ऊपर की बातों से उभरती है, उसमें मानव संस्कृति की भूमिका को या तो नज़रअंदाज़ कर दिया गया है, या जैसा विल्सन का सोचना है, वह चिंपैंजी की तरह के कुछ व्यवहारों की भाँति अंततः आनुवंशिकी से निर्धारित होती है। यह संस्कृति की विलक्षणता को पूरी तरह नज़रअंदाज़ करना है। दरअसल, जिस तरह डीएनए में संचित सूचनाएँ जीवों के विकास और व्यवहारों को निर्धारित करती हैं, उसी तरह मानव-समाज में संस्कृति वैसी सूचनाओं का एक अतिरिक्त समुच्चय है, जो मनुष्य के व्यवहारों को दिशा देता है। मानव प्रजाति के विकास में संस्कृति का विकास एक विलक्षण परिघटना है। इस गुण के कारण वह अपने निकटतम चचेरे भाई चिंपैंजी से भी बिलकुल अलग तरह की प्रजाति बन जाता है।

दरअसल, संस्कृति का विकास मनुष्य की आनुवंशिकी द्वारा ही प्रदत्त एक-दो क्षमताओं का परिणाम है। वह है भाषा और इससे जुड़ी अवधारणा की क्षमता का विकास। यही आधार है मनुष्य के स्वातंत्र्य का। वस्तुओं की प्रत्यक्षानुभूति मनुष्य की तरह दूसरे जीवों में भी होती है। लेकिन वह अपनी अनुभूति की तात्कालिकता से बँधा होता है। वस्तु दृष्टि से ओझल होते ही उसकी चेतना से लुप्त हो जाती है या वह अपने जड़ रूप में जैसी देखी गई है, वैसी ही बनी रहती है। लेकिन मनुष्य में वस्तुओं की प्रत्यक्षानुभूति वस्तु की अवधारणा में बदल जाती है। यह एक बार में नहीं, बल्कि किसी वस्तु के अलग-अलग स्थान और काल में देखे गए रूपों से अमूर्तन की प्रक्रिया से बनती है। यह किसी वस्तु का एक बिंदु से या काल में देखा गया रूप नहीं होता है, बल्कि सभी अनुभूत रूपों को समाहित करता है। अवधारणा की क्षमता भाषा में सबसे स्पष्ट रूप में व्यक्त होती है। जब हम शब्द 'वृक्ष' कहते हैं, तो यह संसार के सभी तरह के वृक्षों को उनकी विभिन्न स्थितियों में समाहित करता है। इस तरह, अनुभव में उपस्थित वस्तुओं के बंधन से मुक्त हो आदमी कल्पना में नई स्थितियों का निर्माण कर सकता है। अगर वह किसी बंधन में है, तो बंधनमुक्त जीवन की कल्पना भी कर सकता है। मनुष्य की तकनीक और निर्माण पर भी उसकी उन्मुक्त कल्पना की छाप होती है। बया भी घोंसला बनाता है और मनुष्य भी अपने लिए घर बनाता है। लेकिन जहाँ घोंसला निर्माण की पूरी प्रक्रिया बया की आनुवंशिकी यानी इंस्टिंक्ट द्वारा निर्धारित होती है, वहाँ मनुष्य अपनी ज़रूरत के हिसाब से पहले अपनी कल्पना में और फिर काग़ज़ पर ब्लूप्रिंट बनाता है और अलग-अलग तरह से गृह-निर्माण करता है। आदमी अगर संसार के विभिन्न तरह की और कहीं-कहीं अति कठोर जैसे ध्रुव प्रदेशों की स्थितियों में जीवन के अनुकूल स्थितियाँ बनाकर जिंदा रह सका है, तो अपनी कल्पनाशीलता के बल पर ही, भाषा तथा अन्य तरह के कौशलों को वह सांस्कृतिक परंपराओं के माध्यम से नई पीढ़ियों को ठीक वैसे ही हस्तांतरित करता रहा है, जैसे गुण-सूत्र जैविक स्तर पर हज़ारों पीढ़ियों तक जीवों के गुणों को हस्तांतरित करते रहते हैं।

इस स्थिति को हम थोड़ा-बहुत कंप्यूटरों से तुलना कर समझ सकते हैं— हमारी आनुवंशिकी कंप्यूटर हार्डवेयर की तरह है, जिसमें जीवन की अनेकों स्थितियों की समस्याओं के समाधान की क्षमता करोड़ों वर्ष के अनुभवों के आधार पर संचित है। लेकिन जीवन में अनेक स्थितियाँ आती हैं, जिनके समाधान के लिए उपयुक्त दिशानिर्देश इसमें शामिल नहीं हैं, क्योंकि पूर्व में ऐसे अनुभव प्रजाति के

जीवन में नहीं आए थे। इस बिंदु पर संस्कृति का विकास उसी रूप में हुआ, जिस रूप में नई समस्याओं के समाधान के लिए कंप्यूटर हार्डवेयर में सॉफ़्टवेयर को जोड़ दिया जाता है। संस्कृति जीवन की क्षमताओं का वैसा ही विस्तार है, जैसा सॉफ़्टवेयर कंप्यूटर की क्षमताओं का विस्तार। लेकिन आनुवंशिकी में वैसी लोच नहीं कि वह जीवन की हर नई स्थिति के अनुसार अपने को ढाल ले। इसलिए कभी-कभी सांस्कृतिक मूल्यों और आनुवंशिकी से प्राप्त रुझानों में संघर्ष भी होता रहता है। मोटा-मोटी मनुष्य की संस्कृति उसे यह क्षमता प्रदान करती है कि वह आनुवंशिकी के वैसे रुझानों को निरस्त करे, जो उन्मुक्त जीवन की सम्भावनाओं को बाधित करते हैं। इसके विपरीत, सांस्कृतिक परंपराएँ भी अपने ढंग की रूढ़िवादिता पैदा करती हैं। मनुष्य की उन्मुक्त चिंतन की क्षमता विवाद और संवाद के ज़रिए रूढ़ हो गई परंपराओं और नई संभावनाओं के बीच लोकतांत्रिक जीवन की संभावनाएँ पैदा करती हैं। इसी में नियतिवाद का निषेध भी है। जैसा कि हम देख चुके हैं, किसी भी तरह का नियतिवाद यांत्रिक तर्क-प्रणाली से परिचालित होता है, जिसमें पूर्ववर्ती स्थितियाँ परवर्ती स्थितियों की जनक होती हैं। इसलिए तकनीकी नियतिवाद समाज को ढलान पर लुढ़कते हुए चट्टान की तरह परिचालित करता है, जिसमें गिरने की गति उत्तरोत्तर तेज़ होती जाती है। इसीलिए इसमें उत्पादन और उपभोग अनियंत्रित हो तब तक बढ़ता जाएगा, जब तक प्राकृतिक सीमाओं और पर्यावरण के क्षय से मानव-समाज का अंत न हो जाए। इसके विपरीत, मनुष्य अपनी संस्कृति से मिली अवधारणा और कल्पना की शक्ति से वैकल्पिक गंतव्यों का निर्माण कर सकता है। इसमें किसी तरह की नियतिवाद को क़बूल करने के बजाय आदमी इसकी तर्क-प्रणाली को पलट सकता है। पूर्ववर्ती स्थितियों से परिचालित होने के बजाय वह अपनी कल्पना से जीवन के नए लक्ष्य निर्धारित कर इनके आकर्षण की शक्ति से परिचालित होता है। ऐसे लक्ष्य के हिसाब से वह जीवन को नियोजित कर सकता है और बार-बार जीवन के अनुभवों और संसाधनों की उपलब्धि के आधार पर इसमें उपयुक्त परिवर्तन करता चल सकता है। इसमें अनेकों लोगों के अनुभव उन्मुक्त संवाद से अपना योगदान कर सकेंगे।

सभी तरह का नियतिवाद आदमी की स्वतंत्रता को सीमित करता है, क्योंकि अगर सब कुछ पूर्व-निर्धारित है तो स्वनिर्णय की गुंजाइश कहाँ है? अतीत में नियतिवाद के पीछे धार्मिक विश्वास पर जाति, नस्ल, राष्ट्र की श्रेष्ठता की परंपराएँ काम करती रही हैं। लेकिन विज्ञान, तथ्य और तर्क से इनके प्रभावों का छीजन

होता चला गया। तकनीकी नियतिवाद, इसके विपरीत, वैज्ञानिकता का दावा कर कालातीत होने का वहम पैदा करता है। यह स्वतंत्र चिंतन को नष्ट कर मनुष्य को एकायामी बना रहा है और मानव-जीवन के विनाश की ओर ले जा रहा है। इसके बावजूद मनुष्य की कल्पनाशीलता उसे यह शक्ति देती है कि वह एक वैकल्पिक दुनिया का सपना देखे और उसे साकार करे। इसलिए यह मानने का कोई कारण नहीं कि तकनीकी नियतिवाद से पैदा जड़ता और जीवन का अंत हमारी एकमात्र नियति बन गई है।

◆◆◆